35歳 年収300万円でも結婚して子どもを育てて老後を不自由なく過ごす方法を聞いてみた

稼ぎが少なくたって
これだけ
押さえておけば
何とかなる！

ファイナンシャルプランナー
井戸美枝
Ido Mie

SOGO HOREI PUBLISHING CO., LTD

「はじめに」の前に

滝丸浩久

突然すみません。小さな出版社で雑誌の編集をしています、滝丸浩久《たきまるひろひさ》と申します。この本の企画を担当させてもらいました。

唐突ですが、半年前、彼女ができました。

久しぶりにできた彼女です。映画を見に行こう、おいしいレストランに行こう、旅行にも行こう。とにかく楽しい毎日です。と同時に、僕の頭の中で急にモヤモヤが広がってきました。その気持ちをひと言で表すならば、「このままじゃヤバい」。

僕は35歳になったばかり。彼女も同い年です。つき合っていればやっぱり結婚を考えますし、僕自身も絶対に彼女と結婚したいと思っています。でも、「このままじゃヤバい」。

そう、お金がないのです。みなさんご存知の通り、出版業界は大不況です。給料も低く、大きな声では言えませんが（タイトルにしちゃいましたが）、現在の年収は約３００万円、手取り月給は20万円くらいです。ここ５、６年くらいはボーナスももらっていません。上司や先輩を見ても、大きな昇給は期待できそうにありません。貯金は２００万円くらいありますが、ネットで調べれば同世代の平均貯金額は５００万円とか出てきます。

ただ、仕事自体はとても楽しくて、やりがいもあります。いままでは、自分の好きな仕事ができて、食べていければそれでいいや、くらいにしか考えていませんでした。でも、将来一緒になりたい人ができて、その人との生活を考えると、このままじゃダメだと感じるようになりました。

結婚には何百万円もかかると聞くし、子どもができれば教育費で2000万円、さらに老後には1人5000万円必要だとか……。

不安は大きくなるばかりですが、いくら考えても給料が増えるわけではありません。どうしたらいいんだと既婚者の友人に相談したら、「俺もめちゃくちゃ不安だったよ」という言葉が返ってきました。そのとき思いました。僕と同じような不安を感じている人はたくさんいるはず。その不安を解消するための本をつくることができれば、多くの人の助けになるんじゃないか。それに、自分自身を助けることにもなります。しかもタダで。

じゃあ僕の悩みを解決してくれる人に話を聞いて、その内容を本にしようと考えました。僕が働いている出版社では単行本を出していないので、知り合いがいる総合法令出版の編集部に企画提案したところ、ありがたいことにOKが出ました。そのうえお話を聞く先生も何人か提案してもらいました。

どの先生も著名な方ばかりでしたが、僕の気持ちはすぐに決まりました。

井戸美枝先生。

この先生にお願いしようと決めたのは、お金に関するあらゆることを教えてくれると思ったからです。世の中には「投資術」「節約術」「家計管理」「年金」「社会保険」といったテーマの本は山ほどありますが、それぞれ単独に扱ったものが多いんです。その中で井戸先生は、たくさんの書籍やセミナー、インターネットサイトなどで、幅広くお金に対する知識や考え方を発信されていらっしゃいます。せっかくだから、僕の不安を全部解決してくれる人がいい。そう考えて井戸先生にご依頼することにしました。

ただ、井戸先生のプロフィールを見ると、「ファイナンシャルプランナー」とか「社会保険労務士」とか「厚生労働省社会保障審議会企業年金部会委員」とか、いかにも難しそうな肩書が並んでいます。若干不安になりました。難しい専門用語を使って早口で説明されて、「こんなことも分からないの？　出直しておいで！」なんて言われたら、それ以上話せなくなりそうです。

でも、僕と彼女の将来のためです。いや、悩んでいる読者のみなさんのためです。勇気を出して企画書をメールで送ると、すぐにご返信がありました。

「ご連絡ありがとうございます。企画のご提案とてもうれしいです」

どうやら予想に反して（？）、とてもやさしい先生のようです。こうして僕は、先生の待つオフィスビルに向かいました。

この本は、35歳・年収３００万円の編集者（僕のことです）が、結婚、出産、育児、貯金、保険、年金、投資、介護、老後など、お金に関するあらゆる不安や疑問について、お金のプロである井戸先生にお話をお聞きするかたちで書かれています。

先生は何も知らない僕のために、簡単な表現でお話ししてくださいました。そのお陰で分かりやすい内容になっていると思いますが、読者のみなさんにはご注意いただきたい点があります。例えば出産手当金や傷病手当金といった公的支援を受給するためには、年齢や収入、社会保険の加入期間など、細かく条件が定められていますし、各自治体によってその条件が異なる部分もあります。それに、基本的に自分で申請しなければ受給できません。主な条件などはできるだけ説明していますが、自分が受給対象であるかどうかや、どんな手続きをすればいいかは、インターネットなどで事前に調べておいてほしいと思います。支援を受ける計算で準備をしていて、実際にはもらえないなんてことになったら大変ですから。

それでは、僕と一緒に井戸先生にお金の疑問をぶつけてみてください。本書によってみなさんの不安が解消され、将来をポジティブに考えるための助けとなれば幸いです。

はじめに

井戸美枝

◎人生の４段階

日本人の平均寿命は年々伸びています。２０１６年時点で、男性80・98歳、女性87・14歳（厚生労働省発表）。この数字はこれから先もどんどん上がっていくと予想され、「１００年人生」という言葉もよく聞くようになりました。

私は、この人生１００年間を４つに分けて考えています。

最初のクォーターは、社会人として独立するまでの25年間。ほとんどの人は学生生活を終え、働き始めます。ただ、同じ25歳でも実家を出て自立している人もいれば、実家に残っている人もいるでしょう。この25年間というのは目安です。経済的に自立して第２クォーターに入っていくのは、早ければ早いほど良いのです。

第２クォーターは、人生でもっとも活動的な25年間です。体力があり、知力も知恵も備わってきます。結婚して家族をつくる人もいるでしょう。そうすると、経済的にいくつかの課題が現れます。子どもを育てて社会人として独立させることと併せて、第３クォーター以降、つまり自分たちの老後のための資金も貯えていく必要があります。

第3クォーターの25年間は、子どもが独立し、家族から再び個人としての自分に戻ることのできる時期です。やりたくないことはやらずに、やりたいことだけをすることが可能となる人生のゴールデンタイムです。

最後の第4クォーターは、〝人生のおまけ〟と言うと誤解を招くかもしれませんが、自分が想定していなかった多くのコトやモノに出会える時期です。社会は25年ほどで世代交代します。第4クォーターまで生きると、孫の世代の活躍を見ることができます。昔は良かったと懐かしむだけではなく、新しい時代を楽しむことができます。それは長生きした人にしか与えられない特権です。

ただし、第3クォーターが黄金の時代となるかどうか、第4クォーターの〝おまけ〟を楽しめるかどうかは、第2クォーターをいかにうまく乗り切るかによって決まります。読者のみなさんの多くは、この第2クォーターの前半を過ごされているのではないでしょうか。あまり収入の多くない方もいらっしゃるかもしれませんが、悲観することはありません。いまから始めれば十分に間に合います。

◎お金に困らない3つの原則

では、お金と上手につき合うためにはどうすればいいのか。この後本書を通じてお話ししていきますが、まず、原則をまとめておきます。

① 収入の範囲内で生活すること
② 生涯借金はしないこと
③ 生涯にわたって収入を得ることができる、安定した職業や技術があること

当たり前のことですが、収入の範囲で生活をして、借金をしなければお金に悩まされることは少なくなります。生涯にわたって収入を得ることができればさらに安心です。

そして、この三原則を守るために大切なことがあります。それは自分自身と向き合うことです。「お金のプロの話を聞いて、本も読んで、その通りやってみたけれど、なかなかお金が貯まらない」という相談をよく受けます。重要なのは、知識や情報を得ることよりも、自分自身をよく知ることです。

やってみてもうまくいかないということはたくさんあります。そのこと自体は大きな問題ではありません。なぜうまくいかなかったのかの原因を見つけ出し、改良すればよいのです。ただそのときに、自分のお金とのつき合い方にどんな傾向があるかを理解できていなければ、有効な改善策とはなりません。完璧な計画を立てても、実行段階で自分の性格や考え方に合わず無理が生じる。そうすると、やる気がなくなったり、自信喪失につながったりして、やっぱり自分はお金を貯められないんだ、とあきらめてしまうこともあります。

例えば衝動買いです。衝動買いにも、「まあ、いいか」と思いながら買ってしまう場合もあれば、衝動買いだと自分で気づかない場合もあります。厄介なのはこの気づかない衝動買いです。月末になって、財布の中のお金が少なくなってようやく自分のお金の使い方に問題があることに気づくわけです。

あるいは、お金を借りることへの心理的な壁が低い人もいます。たまたまクレジットカードを持ち合わせず、現金も足りない。しかし欲しい商品が目の前にある。そうして友人に頼んでお金を借りる。気軽に考えてしまうかもしれませんが、これは明らかな借金です。

自分がお金の使い方に対してどんなタイプなのかに、まずは気づくことです。そこからスタートすれば、誰でもお金と上手につき合うことができるのです。

お金にとらわれるのは人生の損

私は基本的にお金のことで悩むのはもったいないと思っています。もちろんどうしようもない場合もあるとは思いますが、それほどお金に余裕がなくても、人生を楽しむことは十分にできるはずです。お金がないと悩むことで、楽しい時間を犠牲にしている部分もあるのだと思います。

お金の不安に悩む編集者、滝丸浩久さんから企画書をいただいたとき、最初に感じたのは「うわっ、暗いな、この人……」でした。お金がないから結婚できない、お金がないから子どもをつくれない、お金がないから老後が不安、お金がないから……。

彼はお金に対する不安がいっぱいで、そのために人生も損してしまっている。同じように悩む人はたくさんいるのかもしれない。その不安を解消して、楽しい人生を過ごしてもらうための助けとなればと考え、私は企画をお受けしました。

最初の打合せでは明るい印象だった彼が、インタビュー当日、本題に入った途端に急にネガティブになりました。本書では彼の発言部分にたくさんの「……」が入っていますが、これは彼の不安を的確に表していると思います。

彼はお金とのつき合い方に関しては、自分自身と向き合うことができていませんでした。

自分がどんなお金の使い方をするか、これから先どこでいくらのお金が必要なのかを知らない。だから不安になるのだろうと思います。

実際に彼のお話を聞いてみても、それほど悲観的になる状況だとは感じませんでした。確かに稼ぎはあまり多くありませんが、借金をしているわけでもないし、何より彼は〝時間〟という最大の武器を持っています。そのことを、できるだけポジティブな言葉でお話ししました。その結果、彼の気持ちがどのように変わったかは、本書を読んでいただければお分かりいただけると思います。

彼の悩みを解決することを通して、より多くの人々の人生が豊かになれば、これほどうれしいことはありません。どうぞ最後までおつき合いください。

もくじ

第1章 まずはお金とのつき合い方を知ろう ～独身編～

第2章 パートナーと2人で将来設計を描こう ～夫婦編～

第3章 子どもにかかるお金はこう考えよう ～子育て編～

第4章 長期的な視点でコツコツお金を増やそう ～投資編～

第5章

人生の締めくくりを楽しく過ごそう ～老後編～

編集協力　坂本綾子
装丁　ISSHIKI（藤塚尚子）
本文デザイン・イラスト　土屋和泉
図表・DTP　横内俊彦

滝丸浩久　35歳
最近、彼女ができました！
毎日が楽しい！
ゆくゆくは結婚したいなぁ
でも……
結婚、子育て、老後……
貯金も少ないけど、これから先の人生、大丈夫かな？
○○銀行
かなりピンチ!!
どうしよう
お先、真っ暗!?
大丈夫です！
暗いなぁ…
お金の使い方を覚えれば、悲観することはありません。
まずは、
「自分を知ること」
井戸美枝

第1章

まずはお金とのつき合い方を知ろう

~独身編~

見て見ぬフリをするから不安になる

こんにちは。先生、今日はよろしくお願いします。

はい。こちらこそよろしくお願いします。お金に不安があるってご相談でしたね。

はい……。僕、給料も安くて、貯金もあまりありません。いままではお金のことは真剣に考えてなくて、好きな仕事さえできて、それで食べていけたらいいや、くらいに思っていました。けど、結婚したい相手ができて、気づいたらもう35歳で、このままで大丈夫なのかって急に不安になってきました……。先生、助けてください！

あらまあ……。いきなりずいぶんと暗い発言ですねえ。人生、ちゃんとポイントを押さえておけば、なんとかなるものですよ。不安って、一体何がそんなに不安なのかしら？

そりゃあ、これから先、人並みの生活ができるのかなって。結婚できるのかなとか、子どもを育てることができるのかなとか、老後は大丈夫かなとか……。

とことん後ろ向きですね……。**不安なのは、自分のお金とのつき合い方について明確になっていないから**でしょうね。例えば給与明細はちゃんと見ていますか？　自分の年収がいくらで、そこから何がどれだけ引かれて手取りのお給料になっているか分かりますか？

なんとなくは……。

毎月のお給料を、何にいくら使っているか分かりますか？

なんとなくは……。

いまの収入がいくらで、何にどれだけ使っているかよく分かっていない。これから先、いついくら必要になるかも分からない。自分が稼いだ中から必要なお金を使って、将来に向けて貯金もしていかなきゃいけないのに、見て見ぬフリをして、なんとなく過ごしている。だから不安になるんです。

その通りだと思います……。

まずは自分のお金とのつき合い方を明確にしましょう。お給料の内訳や収支を具体的に知る。その上で、35歳ならまだお給料もそれほど高くはないでしょうから、**身の丈に合った生活がどういうものかを考え、それに合ったお金の使い方の習慣をつける**ことです。

そのためにはやっぱり家計簿ですか？　収入全体のうち家賃が何%、光熱費が

何%、食費が何%、とかってやつですよね。細かいのは苦手なんですけど……。

そんなに細かくつける必要はありません。一年スパンで見てみましょう。まずは、１年間の手取り（可処分所得）を計算してみましょう。会社から12月に源泉徴収票を受け取りますね。それを分かりやすくしたものがこちらです（図１）。手取りは、年収から源泉徴収税額、社会保険料、住民税を差し引いたもの。住民税は、源泉徴収票には載っていないので、給与明細で確認してください。住民税として天引きされて

図１　手取り収入はいくら？

①源泉徴収票と給与明細で年間の手取り額を把握する

《源泉徴収票》

種別	支払い金額	給与所得控除後の金額
給料・賞与	A　円	円
所得控除の額の合計額	源泉徴収税額	社会保険料の金額
円	B　円	C　円
生命保険料の控除額	地震保険料の控除額	住宅借入金等特別控除の額
円	円	円

②毎月の給与明細の住民税額を調べる…D

手取り年収＝A－B－C－(D×12)

支払い金額　A	円
源泉徴収税額　B	円
社会保険料等の金額　C	円
住民税額　D×12カ月	円
手取り年収（可処分所得）	円

いるのを12倍すれば年間額になります。多少誤差が出ますが、気にしない。

なんだかいろいろと引かれているんですね……。

手取りが分かったら、次にそのお金を何に使ったかを考えましょう。基本的な生活費・住居費・教育費・保険料・一時的な支出・その他・貯蓄、くらいの分け方で大丈夫（図2）。独身で子どもがいなければ教育費や保険料はかかりませんね。

基本的な生活費というのは、食費や光

図2　1年間の総支出額を知って家計の全体像を把握しよう

手取り年収（可処分所得）	支出	基本生活費	%
		住居費	%
		教育費	%
		保険料	%
		一時支出	%
		その他	%
	貯蓄		%

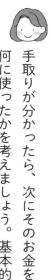

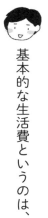

熱費なんかですかね。

そう。ほかにも通信費、新聞代、交際費、美容院のお金などもありますね。一時支出っていうのは、誰かの結婚のお祝いとか、テレビを買ったとか。毎年必要なわけではないけど、その年に払ったものです。

やっぱり、**何にいくらかかるかっていうお金の把握は必要**なんですね。年単位で計算すればいいんですか？

そうそう。住居費、教育費、保険料は、毎月変わらない固定費だから計算しやすいと思うけど、食費や光熱費などの基本生活費は変動費だから、毎月の家計管理をしていないと正確には分からないですね。いまはスマートフォンで簡単に家計管理ができるアプリもあります。ラクにできる方法でお金の収支を確認する習慣をつけましょう。少なくとも半年、できれば1年つけてみると、自分のお金の使い方の傾向が分かります。

家計簿のアプリなんてあるんですね。

家計簿っていままではノートにキッチリつけていくイメージだったけど、スマホのアプリならゲーム感覚でつけられるし、自動的に集計もしてくれます。この本の最後でも紹介しておきますね。

へー。やってみようかな。

自分と似た立場の人が、どんなお金の使い方をしているかといったデータなども知ることができます。あなたと同年代で同じくらいの年収なら、これくらいが平均という比率を紹介しますね

図3　35歳・年収300万円の人の家計バランス例（月額）

住宅	7万3000円
食費	3万1000円
交通費	1万5000円
衣服・美容	1万2000円
通信費	1万円
水道・光熱費	9000円
日用品	9000円
交際費	1万1000円
趣味・娯楽	8000円
教養・教育	7000円
健康・医療	5000円
保険	8000円

●独身、手取り月収約20万円、東京・神奈川・千葉・埼玉、「未分類」「現金・カード」項目の少ないユーザー20サンプルの、2017年5月平均値を1,000円未満四捨五入

データ協力：株式会社マネーフォワード

（図3）。あくまでも平均で、貯蓄は含まれていません。細かく比べる必要はないけど、ご参考までに。

みんなこれくらいでやりくりしているんだ……。僕も家計簿つけてみます！

ポイント

◎自分のお金についてよく分かっていないから不安になる。まずは明確化しよう

◎家計簿は大まかなつけ方でOK。アプリなども使って、ラクにできる方法で家計管理をしよう

◎本書の巻末で、簡単にできる家計簿アプリをご紹介。まずはこれから始めよう

貯めるコツは天引き貯金

自分のお金の使い方を知ったら、次は貯金について考えましょう。毎月ちゃんと貯金はできていますか？

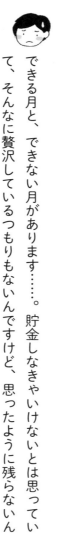

できる月と、できない月があります……。貯金しなきゃいけないとは思っていて、そんなに贅沢しているつもりもないんですけど、思ったように残らないんです。

まずは順番を変えなければいけません。**残ったお金を貯金するのではなく、先に貯金して、その残りでやりくりする。**給料が入ったらすぐに天引き貯金するんです。銀行の自動積立定期などでは、毎月決まった日に決まった金額を貯めていくことができます。

先に貯金しちゃうと残りを全部使ってしまうから、なるべく節約して最後に残ったお金を貯金したほうがいいんだと思っていました。

天引き貯金のいいところは、毎月自動的に一定額を貯金できることと、貯金するお金を残さなきゃいけないという精神的な負担が軽くなることです。実際には、**なるべく支出を抑えて残った分を貯金しようと思っていても、なかなか残らない**ものです。人間ってそんなに強くはありませんから。

そうですね。ついつい使ってしまう……。

毎月の貯金額をいくらにするのかが大事です。少ない額に決めてしまうと無駄に使ってしまうことになるし、逆にあんまり頑張りすぎると、結局やりくりで

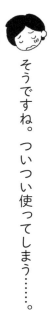

きずに赤字になって挫折してしまいます。それを決めるためにも、毎月の収支を確認する必要があるわけです。

いくらくらい貯金するのが理想ですか？

給料によっても違うし、独身か、家族がいるかによっても違ってきます。**独身なら手取り給料の10～15%、実家暮らしで家賃や光熱費を自分で払っていないなら30～40%**くらいでしょうか。

僕の場合は独身のひとり暮らしなので、10～15%ですね。手取りが20万円くらいだから、毎月2～3万円……。

都会に住んでいる場合はどうしても家賃が高くなりますから、この割合はけっこう大変かもしれません。でも**最低10%は頑張って貯金**してほしい。

うーん……。それくらいならなんとかなる……、かな……。

ハッキリ言わせてもらえば、**それ以下は失格**。

はい……。

残りで家賃や通信費、光熱費、交際費など、工夫してやりくりしましょう。一時支出は実家に帰省するときの交通費くらい？

そうですね。言われてみれば確かに、絶対にお金を使わなきゃいけないことってあまりないですね。

そうでしょ？　だからまずは頑張って最低限の貯金をしましょう。

ポイント

◎節約して残ったお金を貯金しようとしても難しい。給料をもらったらすぐに貯金しよう

◎最低限の貯金額を設定して、まずはそこから始めてみよう

将来のために使うべきお金

でも先生、逆に言えば、最低10％の貯金ができていれば、あまり節約しなくても大丈夫ってことですか？

私、「節約」って言葉が嫌いです。**節約しないことと無駄遣いは違う**んですよ。自分は合理的にお金を使っているか、賢い行動をしているだろうかと考えてください。

合理的にお金を使う？

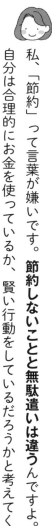

生活に最低限必要だったり、自分のためになったりする支出はＯＫ。そうではなく、なんとなく使ってしまっているお金は無駄使い。ここを見直して無駄遣い、つまり使途不明金をなくせば節約はしなくていいんです。

無駄遣いってどんなことですかね。

家計簿をつけてみたけど収支が合わなかったとします。その合わない分を「その他」に分類して済ませてしまう、よくあるケースですね。でもちゃんと確認したら、毎日カフェに立ち寄って４００円のコーヒーを買っていたことが分かった。多いときは１日２回で８００円。これって必要ですか？

いらないですね……。そういうのってたくさんありそう……。

そうした行動に気づくことが大事です。無意識のうちに毎日の習慣になっていたら、１カ月分の支出は１万２０００円。多ければ２万円を超えます。それな

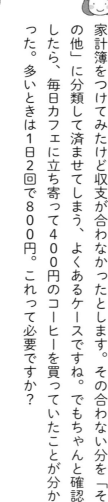

ら、家でコーヒーを淹《い》れてマイボトルで持っていけばいいじゃない？

そうですね。

実際にお金を何に使ったのかを知るために家計簿をつけるんですよ。コンビニを見かけたらつい入って何か買ってしまうとか。そんな自分の習慣や癖に気づいてほしい。

生活に必要なものと、そうじゃないものを区別するわけですね？

そうそう。ただ、そうして無駄遣いを減らすべきだけど、特に若い頃は、**将来の自分にプラスになることにはお金を使わなきゃいけません。**

それってどんなことでしょうか。

違う業界の人とご飯を食べに行くとか、勉強会に参加するとか。「出会い」ってとても大切なんです。**将来のための人脈づくりや勉強のお金を節約すると、長い目で見たときに自分の稼ぐ力を削る**ことにもなりかねません。そういうお金はケチらないほうがいい。

そうか、いわゆる自己投資ですね。

お金を使うときにはしっかり使うべきです。例えば結婚式に呼ばれればご祝儀を包みますよね。そうしたとき、私は人よりも多めに包むようにします。**結婚式のお祝いは普通3万円くらいでしょ？　そこで5万円を包む**。

ええ……。高くないですか……。

高いことが大事なんです。そうすると、「この人、そんなにお給料も高くないはずなのに5万円もくれた」と覚えてもらえます。

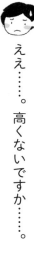

確かに、5万円もらったら印象に残りますよね。その人に何かあったら協力してあげなきゃって感じると思います。

でしょ？　ただ、誰にでもそうするわけじゃありません。自分が好きな人、気の合う人、一緒に仕事したいなと思う人だけです。いやらしいなあと思うかもしれないけど、**お祝いは自分の気持ちをしっかり伝えるためのもの**でもあるんですよ。

なるほど……。

ほかにも、年に1回の旅行などもケチらないほうがいいですね。せっかくの旅行なのにお金の心配ばかりしていてもつまらない。一生の思い出になるなら、多少高くなっても気にしない。ケチるところとケチらないところを、ハッキリ分けて考えることが大事です。

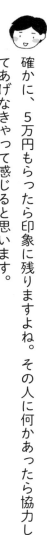

節約しなきゃって考えていると、お金を使うときに罪悪感があります。でもその割にあまりお金は貯まらない……。お金を使うべきこととそうでないことに分けて考えられると、そういうモヤモヤがなくなりそうです。

ポイント

◎節約しないことと無駄遣いは違う。賢くお金を使えているかと考えよう
◎自分の無駄遣いに気づくことが大事。そのためにも家計簿をつけよう
◎お金をケチってはいけないこともある。何のためにお金を使っているのかを考えよう

自分の好きなことで稼ぐ力を養う

今日からは無駄なお金は1円も出さないくらいの気持ちでいましょう。例えば勤務先の上司や同僚とのおつき合いは最低限でいいと私は思っています。冷たいなあと言われても知らん顔してればいい。

でも、少しでも給料を上げたいと思うと、上司の評価は気になります。そうすると飲み会にも参加しないわけには……。

会社だけで稼ごうと考えてはいけません。

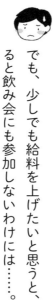

どういうことですか？

会社員のいいところは毎月決まったお給料があり、安定していることですね。でも、いまではその安定も危うくなってきています。最近では大手企業の倒産もありましたね。それに、定年まで働けたとしても、それ以降の人生を会社が保障してくれるわけではありません。出世すればお給料は上がるけど、それはその会社の規定の範囲内でだけ。みんなが出世できるわけではないですし、一生分必要なお金を稼ぐためには不安です。

じゃあどうすれば……。

いまのうちから**生涯にわたって収入を得る力を養っていく**ことを意識してください。「○○出版の滝丸さん」ではなく「滝丸さん」で仕事ができるようになる。そのための人脈づくりや勉強にお金を使う。これは男性だけではなく、女性も同じですね。

会社に依存しなくても生きていけるようになれってことですね。どうすればいいですかね……。

会社が許してくれるのなら、**「複業」をするのがおススメ**です。サブの「副業」ではなく、複数の「複業」です。いろいろなことに挑戦して、自分ができることを増やす。あなたなら、編集だけじゃなくて文章を書いてみるのはどうですか？

なるほど。僕、書くことも好きですから、それなら楽しそうですね。

編集ができる、文章も書ける、さらに写真も撮れるなんていう人材になったら幅広く仕事ができるんじゃないですか？

確かにそうかもしれません。

それに、**好きなことで稼げるって最高**なんです。私がたまに行くホームセンターのヤスリ売り場に、〝ヤスリ博士〟の店員さんがいます。日曜大工に詳しくて、どのヤスリがどのように優れているのかという説明が素晴らしい。年配の方で、多分定年後のアルバイトなんでしょうけど、自分の好きなヤスリに関わる仕事ができて、楽しくてしょうがないって感じです。お店に行く度に、ついヤスリ売り場をのぞいてしまいます。「今日もいる！　ヤスリおじさん」って（笑）。

本人にとっては理想の職場ですね。

そうそう。家で家族相手にヤスリのウンチクを語っても誰も聞いてくれないんでしょうね（笑）。それを聞いてくれる人がいて、お金も稼げるんだから最高ですよね。本人にとっても、お店にとっても、お客さんにとってもありがたい。老後の働き方って考えると1つの理想じゃないでしょうか。

そうか。何か人の役に立つ技術を持っているといいですね。

社会というのは人の暮らしの集まりです。暮らしの中で役に立って喜ばれることなら、どんなことでも仕事になるはず。**いきなりたくさん稼げなくても、これから時間をかけて好きなことに関する力を養っていけばいい**と思います。そうすれば、収入は後からついてくる。長い人生、こういう発想も必要じゃないかと思います。

最初は趣味でもいいってことですか？

そうです。ただし、ただ楽しいだけじゃダメ。一生懸命になれることじゃないと。好きなことがだんだんとプロ級になって、少しずつ稼げるようになっていくのが理想です。とりあえずは、ブログでも書いてみたら？

そうしてみます。

あなたのいちばんの強みは若いってことですよ。

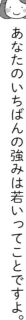

え？　35歳で若いですか？

若い若い！　平均寿命から考えても、あと45年は生きるでしょ？

生きたいです……。

そう考えればまだまだ時間があります。お金を貯めるにしても、人脈をつくるにしても、好きなことで経験を積んでスキルを上げるにしても、今日取り組み始めて明日できるはずがありません。そこで**最大の武器になるのは時間**なんです。

なるほど。もう若くないって焦ってばかりでしたけど、そういう考え方もあるんですね。

そうそう。だからやってみましょう。

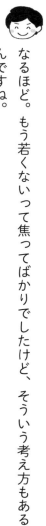

はい。やってみようと思います。

あのね、貯金の話をしたときもそうだったけど、**ただ思っているだけだからできないの。まずは行動すること**です。どんなことでも、一回やってみて無理だと思うならそのときに修正すればいい。頭で考えているだけで実践しない人が多いですね。そんな人は嫌いです（笑）。

はい！　分かりました！　やります！

ポイント

◎会社の仕事だけでは一生は保障されない。生涯にわたって稼ぐ力を養っていこう
◎好きなことで稼げるようになることが最高。まずは趣味でもいいから始めよう
◎若い人にとって最大の武器は時間。いますぐに動き出そう

他人との比較は人生の無駄

「人並の生活ができるのかな」

第1章の冒頭で滝丸さんが言った言葉です。ここに、彼のお金とのつき合い方のヘタさ加減が表れています。

彼の言葉を借りれば、「人並の生活」とは、結婚すること、子育てをすること、老後を不安なく過ごすことです。確かに、そうした不安を感じることは仕方ないのだと思います。彼は結婚を考えている相手がいるそうですし、そうすれば、2人の子どものことも、老後の生活についても考えるようになるでしょう。読者のみなさんにも、同じような悩みを持つ人は多いのではないでしょうか。

しかし多くの場合、そこには他人との比較が隠されているように思います。「ほかの人はこんな結婚式をして、こんなマンションに住んでいる。だから自分もこれくらいのお金が必要なのに、実際は足りていない」という考え方です。豪華な結婚式や流行の家具が揃った部屋がどうしても必要だというなら話は別ですが、そうした人は少ないのではないでしょうか。

自分の人生に絶対に必要なものを得るためにお金をどう貯めていくか、と考えることは必要です。暮らしを豊かにするために、より収入を増やそうとすることも大事なのかもしれません。しかし、本当に欲しいわけではないものが手に入らないからと悩むことは時間の無駄、人生の無駄です。

昔、私の知人に高級なイメージのある世田谷区の住所が欲しいからと、駅から遠いボロボロのマンションに住んでいる人がいました。あまりお給料は高くないから、条件の良い部屋は借りられなかったわけです。そのことに何の価値があったのでしょうか。彼女が欲しかったのは世田谷区の住所ではありません。〝他人に馬鹿にされない自分〟です。こうした発想が強くなれば、いくら稼いでも追いつきません。自分より裕福な人との比較でしか、自分の人生の価値を測れなくなってしまいます。

自分自身の幸せは自分で決めることです。他人と比べてどうだから、といった尺度で測れるものではありません。自分と自分の大事な人たちが、健康で楽しく暮らすことができたらそれでいい。そう考えることができれば、ふっと楽になるのではないでしょうか。それは決して、お金がないことに対する言い訳ではないのです。

よし、
結婚するぞ！
今度彼女に
会ったら
プロポーズしよう
でも……
わかって
たけど
高い
¥100,000
結婚指輪、
結婚式、
新婚旅行、
新居、
親の介護…
このままで
彼女を
養っていけるん
だろうか？
あれ、
また暗く
なって
いますね
いいですか？
「養ってあげる」なんて
男の思い
上がりです
夫婦で
お金と
向き合えば
大丈夫！

第2章

パートナーと2人で将来設計を描こう

〜夫婦編〜

「養ってあげる」は男の思い上がり

さっき、結婚したい相手がいるって言ってましたね。

はい。でも、僕の給料が低くて、貯金も200万円くらいしかありません。これから先の昇給もあまり期待できないし……。自分のせいで奥さんに不自由な思いをさせてしまうんじゃないかと考えると、なかなか決心できません。

思い上がりですね。

え……。

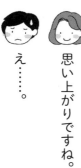

若いのに「奥さん」って呼ぶのね。夫婦に手前も奥もないと思いますけど。

すみません……。なんて呼べばいいのでしょうか……。

「妻」とか「パートナー」とか。まあ、それはいいとして、そもそもどうして養ってあげないといけないの？　パートナーでしょ？　**2人で身の丈に合った家族をつくればいい**んじゃないかしら？

そうなんですかね……。

〝タガメ女〟って知ってますか？　タガメ女に掴まらないように気をつけないと。

なんですか？　そのタガメ女って。

大阪大学大学院准教授の深尾葉子さんの著書（『日本の男を喰い尽くすタガメ女

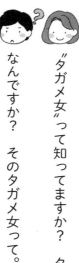

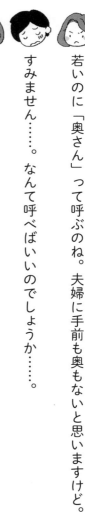

の正体』講談社）の中に出てくるんですけど、パクッと男の人の首に噛みついて、稼ぎを吸い尽くしていくんです。住宅ローンを組ませたりして、自分はぬくぬくと暮らしながら、どんどん太っていく。男の人は気がつかないままにコントロールされて、ローンの支払いと家族を養うために一生働き詰め。

うわあ……。

あなたの彼女はタガメ女じゃないわよね？

はい！　そんな子じゃありません！　彼女は結婚しても働きたいと言っています。

安心しました。**お互いに助け合うのがパートナー**ですよね。そういう信頼関係はありますか？

はい！　もちろんあります！

じゃあ、迷ってないで結婚しましょう。

はい！

ポイント

◎夫婦はお互いのパートナー。信頼関係があれば結婚をためらうことはない。２人で身の丈にあった家庭をつくっていこう

◎ただし、〝タガメ女〟には気をつけよう。男性は噛みつかれないように。女性はタガメ女にならないように。

結婚に必要なお金は人それぞれ

とは言うものの、やっぱり不安はあります……。

何かしら……。

結婚するとなれば、婚約指輪、結婚指輪、結婚式、新婚旅行、新居。一体いくら必要なのでしょうか……。

まあ、**一般的に言われているのは、結婚式で360万円**くらいですね。

ええ！　僕の貯金を全部使っても結婚式にすら足りない……。やっぱり結婚なんて無理なんだ……。

いやいや。ご祝儀をいただけると考えると、カップルの自己負担額は１４０万円くらい。もしも親が費用を援助してくれるなら、甘えてもいいかもしれませんね。

それでも１４０万円か……。

それに、これはあくまで平均データですから、絶対に必要なわけではありません。ひと口に結婚式と言っても、豪

図４　結婚費用の項目別全国平均値（推計額）

婚約指輪	35万9000円
挙式・披露宴	359万7000円 （料理・飲み物、衣装、引き出物、挙式料、写真・ビデオ撮影などの合計）
ご祝儀総額	232万3000円
カップルの自己負担金	143万2000円
新婚旅行	61万6000円
新生活に必要な費用	72万円 （敷金・礼金、引っ越し代、家具購入費などの合計）

出典：「ゼクシィ 結婚トレンド調査2016調べ」

華なものから簡素化したものまでさまざまです。お式に来ていただく人を限定してもいいし、手作りの結婚式でもいい。神社での神前式も安く済みますよ。2人の気持ちが整って、思い出に残り、記念の写真が撮れたら、それでいいんじゃない？

そうですよね。この前、神社に行ったら神前式をしていました。お祝いしている人のほとんどは、たまたまそこにいた人たちだったんでしょうけど、ご夫婦はとても幸せそうでした。自分たちの思い出に残ればそれでいいですよね。

新婚旅行もどこに行きたいのかによって費用は違います。同じ行き先でも、早めに予約したり格安航空券を利用したりすれば安くなりますよね。新居にしても、いままでそれぞれに1人暮らしをしていた2人なら、使っていた家具を持ち寄って少し買い足せばいいはず。引越し代と、カーテンを新しくするくらいでしょうか？

そうですね。とりあえずはそれぞれが持っているものでどうにかなると思います。

昔は花嫁が嫁入り道具として新居に婚礼タンスや着物、鏡台《きょうだい》などを準備していましたけどね。案外邪魔になってしまうことも多いものですよ。いまはおしゃれで機能的、リーズナブルな家具も増えています。クローゼットが備えつけのマンションなども多いですね。結婚式にしても、新婚旅行にしても、新居にしても、**形式にこだわる必要はない**と思います。

先生……。

何かしら？

僕、なんかいけそうな気がしてきました。

それはよかった。

ポイント

◎結婚費用は人それぞれ。いくらかかるかを気にするよりも、自分たちに合ったやり方で新婚生活をスタートしよう

一応知っておこう「103万円の壁」

先生、結婚後の生活についても聞きたいです。２人共いままで通りの仕事を続けるつもりなんですけど、共働きしている人の話を聞くと、よく「１０３万円の壁」って言いますよね。あれって何ですか？

まず、結婚して専業主婦世帯になった場合を考えますね。そうすると妻は夫の扶養に入ることになり、**社会保険料や住民税、所得税を払わなくてよくなります**。夫は配偶者控除が受けられることで、**所得税が優遇**されます。

えーと……。所得税が優遇されるってどういうことですか？

会社員の場合、所得税は額面《がくめん》の給与収入から、給与所得控除や、その他いろいろな所得控除を差し引いた額（課税所得額）に税率を掛けて計算します。この税率は収入によって異なり、あなたの場合、年収３００万円と考えて５％。配偶者控除というのは所得控除の１つで、69歳以下なら38万円控除されます。所得38万円分の税金が優遇されることになるので、所得税が年間１万９０００円安くなる。

それは大きいですね。

それで次に妻が給与所得者の場合。**妻の年収が１０３万円を超えると、配偶者控除が配偶者特別控除という控除になります。そうすると妻自身にも所得税がかかります。年収が上がっていくとだんだん控除額が減っていき、１４１万円以上でゼロ**になります。

なるほど。だから１０３万円の壁か。

ほかにも、妻の収入によっていくつかの壁があります（図５）。税金の壁より、社会保険の壁のほうが高いですね。社会保険の扶養に入る条件は、年収１３０万円未満であることです。１３０万円以上になると妻は扶養から外れて社会保険料の負担をしなければならなくなります。

いろいろと考えなきゃいけないんですね……。

こうした制度はこれからどんどん変わっていきます。２０１８年１月からは配偶者控除の上限が１５０万円に上がりますしね。それに、配偶者特別控除の金額が減っていくのは１５０万円を超えてからになって、控除がゼロになるのは２０１万円になります。日本は少子高齢化で働き手が減っていきますから、国は女性にもっと働いて欲しいわけです。

うーん……。どうすればいいんだ……。

図5　妻の収入によるいろいろな壁

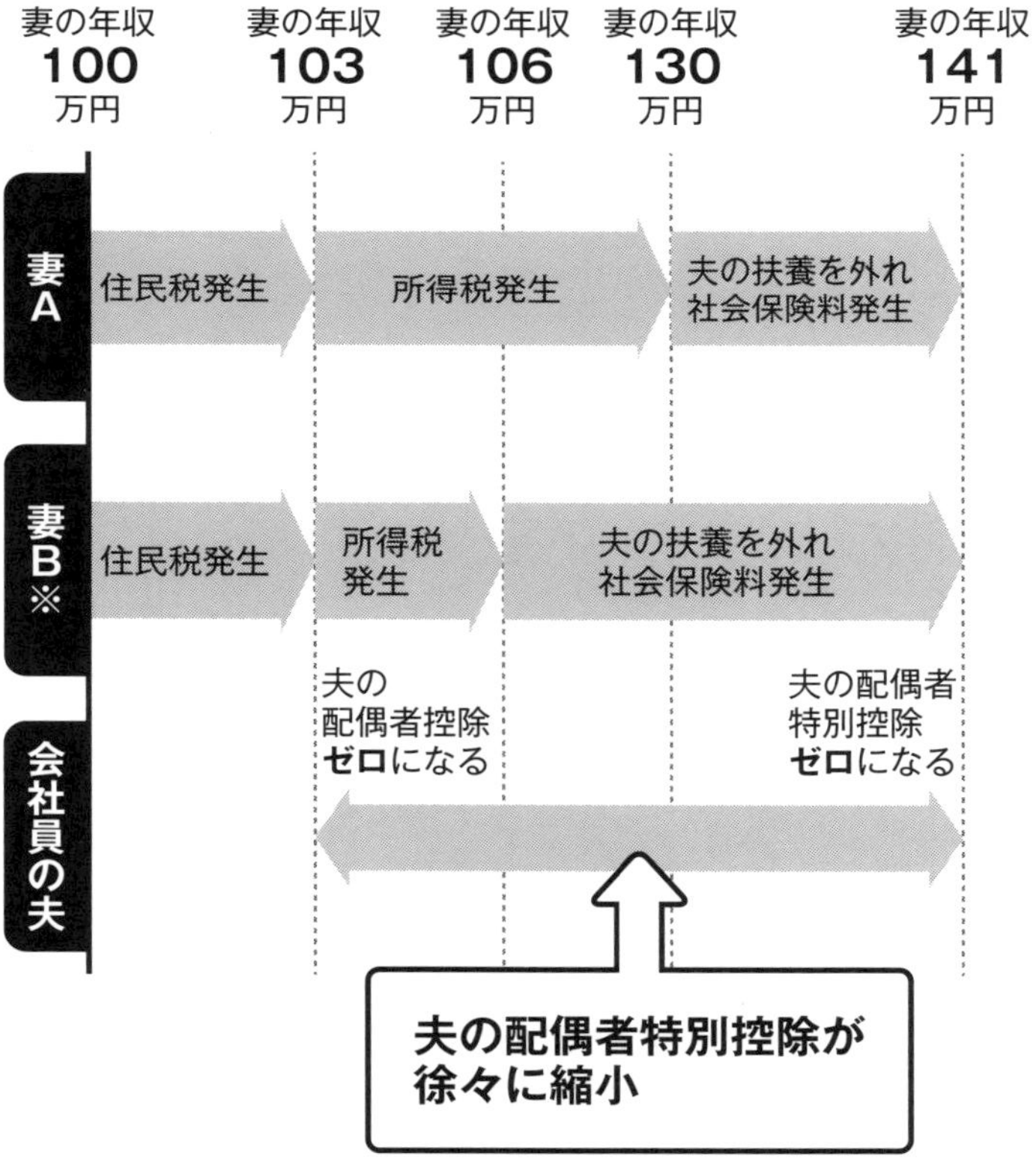

❗2018年からは配偶者控除の上限が150万円に、配偶者特別控除の上限が201万円になる

※妻Bは501人以上の企業で働き、労働時間が週20時間以上のケース

ハッキリ言って、**あなたたちの場合はまったく気にすることはありません。**難しいことは覚えなくてもよし。

え？　なぜですか？

妻も働けるなら働くのが正解です。夫1人の収入に依存するよりも、それぞれちゃんと仕事ができて、**2人の収入を合わせたほうが家計としての力も強くなる**し、楽しく暮らせますよ。

そうですね……。どのみち僕の給料と130万円だけじゃ不安だし……。

そこでネガティブにならなくてもいいと思うけど……。最近は専業主婦志向の強い女性も増えているようだけど、私は家計の安全のためにも、女性は働いたほうがいいと思います。と言うのは、**家庭としての収入源が多い分だけ、いざという場合のリスクヘッジが利く**からです。もし収入源が夫だけで、その夫が

病気になったり、リストラされてしまったりしたらどうするかを考えてみましょう。

そうなってから妻が働こうとしても大変ですね……。

そうですよね。妻に税金がかからなかったり、夫が配偶者控除を受けることができたりするのは、夫が妻を〝扶養〟するからです。扶養とは援助するということ。どちらかが主で、もう一方が従というのではなく、２人で楽しい家族をつくっていくと考えてほしいですね。

分かりました！　お互いに頑張ります！

ポイント

◎妻が働く場合、その収入によって税金の優遇が受けられなくなったり、社

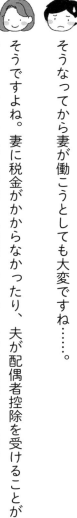

会保険料の支払いが必要になったりする
◎でも気にしないでＯＫ。２人で働いて対等な関係の家庭をつくろう

夫婦のお金のルールをしっかり決めよう

第1章では独身の場合の家計バランスの考え方を教えてもらいましたけど、夫婦ではどうですか？

基本的な考え方は独身時代と同じで構いません。ただし**貯蓄率は増やしましょう。子どものいない夫婦で15~20%**くらい。

僕と彼女の収入は同じくらいなので、2人で6~8万円ですね。夫婦の場合も最低限の貯蓄ができていれば、あまり細かく考える必要はないですか？　新婚だし、2人で楽しく生活したいです。

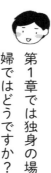

それで大丈夫。お金のことばっかり考えて夫婦仲が悪くなってしまうのは残念ですからね。だけど、お金のルールは2人でしっかりと決めたほうがいいですね。共働きのほうが家計は安全ではあるんだけど、**それぞれにお金を使っちゃったりして、以外と貯金ができない**という傾向もあるんです。

そうなのか……。どんなルールがいいんでしょうか。

共働きの場合、家計管理のルールとしてよくあるパターンは、統合型、分担型、秘密型の３つです。

図6　35歳・世帯年収600万円の夫婦の家計バランス例（月額）

住宅	12万9000円
食費	6万8000円
交通費	2万4000円
衣服・美容	2万1000円
通信費	1万5000円
水道・光熱費	1万2000円
日用品	1万7000円
交際費	2万6000円
趣味・娯楽	2万円
教養・教育	1万2000円
健康・医療	1万2000円
保険	1万7000円

●夫婦、手取り月収約40万円、東京・神奈川・千葉・埼玉、「未分類」「現金・カード」項目の少ないユーザー15サンプルの2017年5月の平均値を1,000円未満四捨五入

データ協力：株式会社マネーフォワード

統合型は、２人の収入を統合するってことですか？

そう。収入も支出もすべて一緒にして管理するのが統合型です。いちばんおススメだけど、自分の稼ぎが全部明け透けになるのがイヤだなと思う人もいるかもしれません。

そうですね。全部分かっちゃうのは……。

実際には分担型が多いですね。例えば住居費とかの毎月決まった固定費は夫が払い、食費などの変動費は妻が払う。ただし、そうすると**妻の不満が爆発してしまうケースがよくあります。**

え、いま、そのルールがいいなと思ったんですけど……。

変動費のほうが日々の支払いを細かく意識しなくちゃいけないからです。夫は

固定費さえ払ったら自分の役割は終わったとばかりに、残りのお金を自分勝手に使ってしまったりする。妻はお金を貯めるために少しでも支出を少なくしようと頑張るから、「何よ、私ばっかり！」となる。分け方によって、どちらかに負担が掛かってしまうことがあるのが分担型のデメリットですね。

なるほど。聞いておいてよかった……。秘密型はどんなルールですか？

住居費や光熱費など、最低限必要な生活費をお互いに決まった額だけ出し合う方法。それ以外のお金の使い方には干渉しない。秘密型は自由度が高いからストレスを感じにくいけど、**蓋を開けてみたらどっちもお金を貯めていなかった**なんてことになりかねないのがデメリットです。

定年近くになってお互いに貯金がないと分かったら大変ですね……。

そう、だからやっぱり**統合型がおススメ**です。だけどストレスも貯まっちゃう

図7　家計管理のルール3パターン

	メリット	デメリット
統合型	●家計全体が把握できる ●無駄がなくなる	●自分の資産が相手に知られてしまう ●自分だけの資産をつくりづらい？
分担型 （例：夫が固定費、妻が変動費を払う）	●食費や光熱費などを節約しやすい	●夫が固定費だけ払えばいいと思ってしまい、貯まらない ●妻が変動費の節約を頑張って疲れてしまう
秘密型	●お金の管理に対するストレスが少ない ●独身のときと変わらない管理ができる	●相手の収支が分からない ●家計の改善ができない

図8　夫婦の収入をまとめて管理する方法（統合型の例）

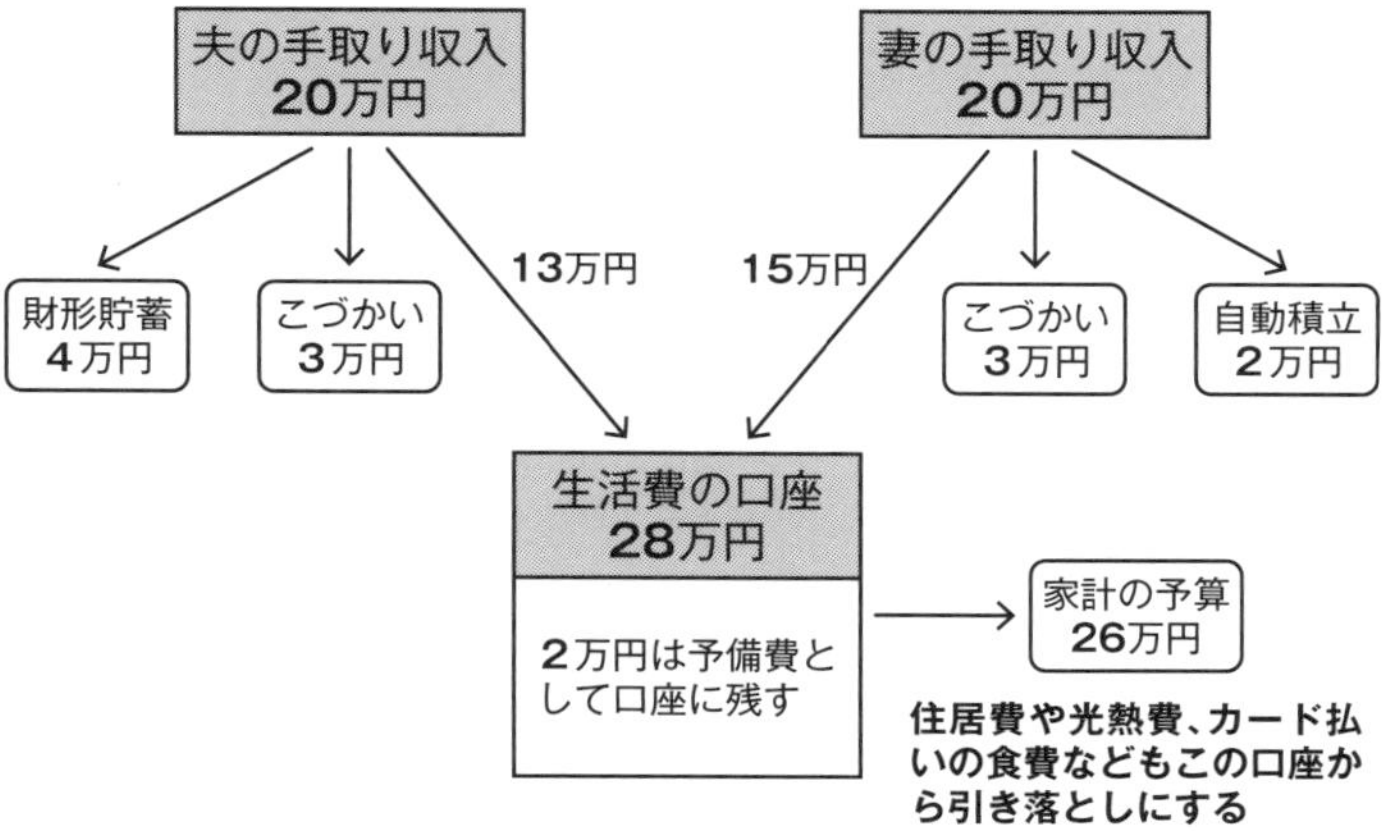

から、毎月の収入は統合するけどボーナスは秘密とか、自分のお小遣いの部分だけは秘密にするとかっていうやり方がいいかもしれませんね。

ちょっとは自分の好きに使えるお金も欲しいですもんね。

後々もめないように、お金のルールはしっかり決めたほうがいいんです。子どもが生まれたら教育費の準備が始まるので、さらに大変になってきます。夫婦の間でトラブルが起こる原因は、大抵お金のことか子どものことですね。

実際に家計簿をつけたりっていう家計の管理は、夫婦のどちらがやったほうがいいんですか？

それは**絶対に２人で一緒にしたほうがいい**。どちらか１人だけだと負担になるからっていうこともあるけど、男性と女性では脳の使い方が違うからです。

お金に対する考え方が違うということですか？

女性は広く浅く、細かいことに気がつきます。男性は細かいことには気づかないけど、将来を見据えて考えることが得意な人が多いんです。そう考えると、家計管理は両方でしたほうがいいでしょ？

女性はスーパーで10円でも安く買うことを気にして、男性は1年間でどれくらい貯金できるかっていうようなことを大事にするってことですか？

そうそう。一般的な話ですが、そういうタイプが多いってことです。これは脳の構造の違いからくるものだと言われています。お互いの長所を生かしたほうが、よりしっかりと家計を管理できますね。

そうか。じゃあ僕は男らしく細かいことは気にせずに、将来のために頑張ろう！

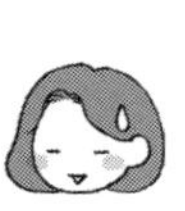

なんか違うけど、まあいいか……。

ポイント

◎夫婦の家計は統合型がおススメ。でも完全に統合するとストレスも溜まるから、部分的に秘密のお金をつくろう

◎男と女の得意分野は異なる。お互いの長所を生かして、2人で家計を管理しよう

子どもがいなければ民間の保険は不要

先生、結婚して家族ができるとなると、もしものときのことが気になります。独身なら自分のことだけでいいけど、何かあったらパートナーの負担にもなってしまいますよね。やっぱり死亡保険や医療保険に入ったほうが安心ですか？早く入ったほうがおトクって聞きますし。

民間の保険は、その人に何かあったとき、経済的に困る人がいるかどうかが、基本的な考え方です。まず死亡保険について考えましょう。結婚して、あなたが亡くなっても困る人はいませんよね。

え……。

ああ、ごめんなさい。あくまでお金に関しての話です。パートナーは困らないでしょ。仕事しているし。

そうですね……。

それに、あなたが亡くなったら次のパートナーを見つけるかもしれないし。

……。もしかしたら、僕が死ぬ前に見つけるかもしれません……。

……。

……。

ということは、まず死亡保険は必要ありません。今後、子どもが生まれたときに考えればいいでしょう。子どもがいると教育費がかかりますから。親の責任が増えますね。

はい……。でも先生！　ケガや病気で入院した場合はどうですか？　治療費がかかるから、パートナーも困りますよね！　ね！

それも大丈夫。

え……。

社会保険があるから、基本的には民間の医療保険は必要ありません。

社会保険だけで大丈夫ですか？

大丈夫。日本の社会保険は、とても優れたシステムになっています。まず健康保険の給付について説明しましょう。病気やケガの医療費は、健康保険によって自己負担が３割で済みます。

はい、それは知っています。

加えて**「高額療養費制度」**というのがあって、この３割負担が１カ月当たりの**一定額（自己負担限度額）を超えた場合は、その超えた分を支給してもらえます**（図９）。

ええ！　そうなんですか？

図９　高額療養費制度

同じ人が同じ月に同じ医療機関に医療費を支払い（入院と外来は別々に計算）➡ 医療費が一定額を超える ➡ 高額療養費の支給

所得区分	自己負担限度額	多数回該当※
標準報酬月額83万円以上	25万2600円＋（総医療費－84万2000円）×1％	14万100円
標準報酬月額53万円～79万円	16万7400円＋（総医療費－55万8000円）×1％	9万3000円
標準報酬月額28万円～50万円	8万100円＋（総医療費－26万7000円）×１％	4万4400円
標準報酬月額26万円以下	5万7600円	4万4400円
低所得者	3万5400円	2万4600円

※同一世帯で直近12カ月間に高額療養費の支給回数が４回以上になった場合、４回目から適用される限度額

そう。ただし自己負担限度額は収入により異なります。あなたの場合を考えて、標準報酬月額が26万円以下なら、いったん自分で支払った後、高額療養費の申請をすることで５万７６００円を超えた分が戻ってきます。

標準報酬月額ってなんですか？

厚生年金や健康保険の基準となる額で、毎年4～6月の3カ月間の給与の支給額平均に基づいて決定されます。区切りのいい幅で区分されていて、実際の給料とは完全に一致しません。例えば月給23万円から25万円であれば、標準報酬月額は24万円となります。毎年お誕生月に日本年金機構から「ねんきん定期便」が送られてきます。その裏面を確認してください。標準報酬月額が載っていますよ。

なるほど。それで僕の場合は５万７６００円が上限なんですね。

そう。それに、入院などで限度額を超えることがあらかじめ分かっている場合、医療機関に「限度額認定書」を提出しておけば、窓口での支払いは限度額ですみます。

それは安心ですね。

それから、**「傷病手当金」といって、病気やケガで仕事を休んで給与がもらえない部分に関しても給付があります**(図10)。

ええ！　給料まで保障されるんですか!?

図10　傷病手当金

療養のため労務不能で給与が受けられないとき、欠勤４日目から１年６カ月間、１日当たりの給料（標準報酬月額を30で割った額）の３分の２が支給される。

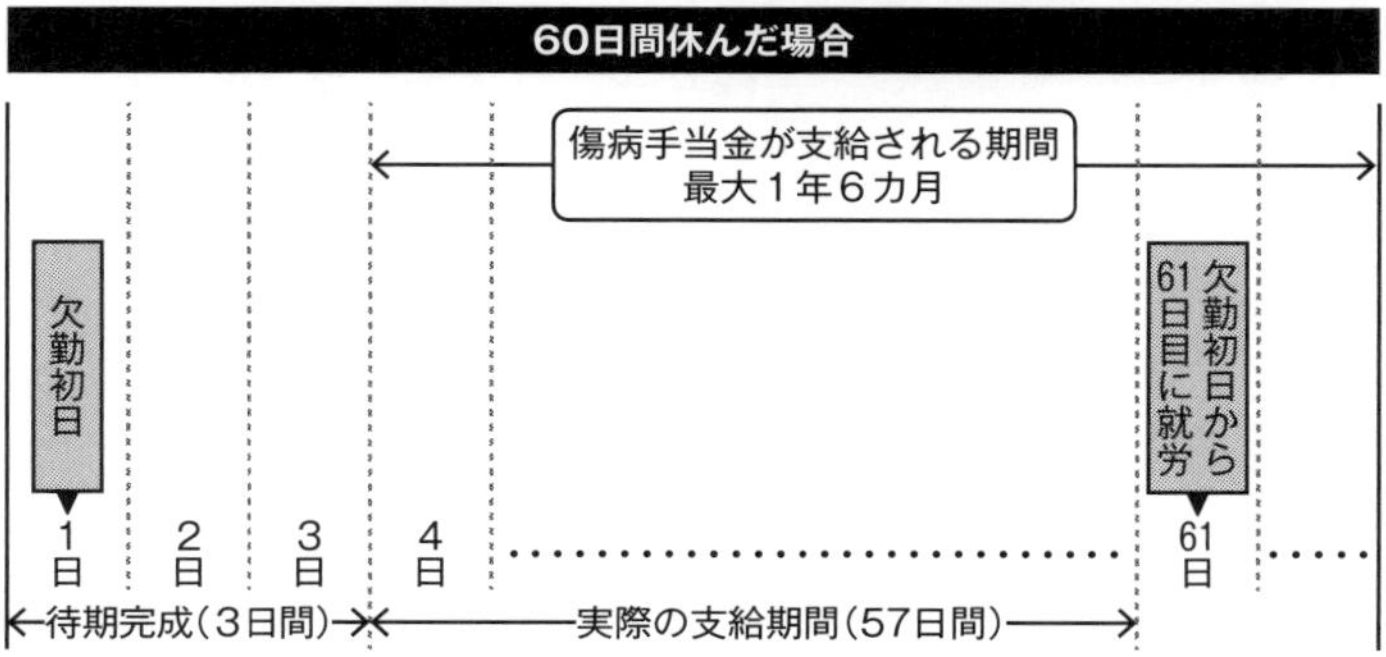

待期の3日間は有給休暇でもよい

連続する３日間（土日・祝日なども数える）を含んだ４日間以上仕事を休んだ場合、４日目以降に休んだ日数分、最大１年６カ月分が給付されます。１日当たりの金額は標準報酬月額を30日で割った額の３分の２です。標準報酬月額が24万円なら、30日で割って８０００円。その３分の２ですから、１日当たり５３３３円。60日休んだとすると、最初の３日間を除いて57日分×５３３３円で30万円とちょっとですね。

そんなにもらえるのか……。

あと、公的年金からも給付があります。

年金って、老後にもらうあの年金ですか？

そう。**病気やケガが原因で障害者になったら障害年金をもらうことができる**んです。条件は、年金保険料を滞納していないことや、初診日から１年６カ月経

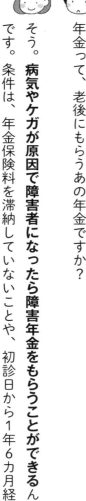

過後に所定の障害状態にあることなどです（図11）。もらえる年金額は、障害の程度、会社員か自営業か、子どもがいるかどうかによって異なります（図12）。ここでは「平均標準報酬額」が基準になります。さっきの「標準報酬月額」とは異なり、ボーナスを含めた収入を厚生年金加入期間の月平均に計算した額です。

さっき傷病手当金は最大1年6カ月分までもらえるって教えてもらいましたよね。障害者になった場合は、傷病手当金が終わっても間を空けずに障害年金がもらえるわけですね（図13）。

図11　等級別の障害の状態

障害等級	障害認定基準（障害の状態）
1級	他人の介助を受けなければ**ほとんど自分の用を弁ずることができない**程度
2級	必ずしも他人の助けを借りる必要はないが、日常生活は極めて 困難で、**労働により収入を得ることができない**程度
3級	**労働が著しい制限を受ける**か又は**労働に著しい制限を加える**ことを必要とする程度

出典：「国民年金・厚生年金保険 障害認定基準」より抜粋。太字箇所は著者による

図12　障害年金の支給額（2017年度・年額）

会社員・公務員の場合

障害等級	1級	2級	3級
支給額	障害厚生年金 年収÷12×1.6※×1.25	障害厚生年金 年収÷12×1.6※	障害厚生年金 年収÷12×1.6※ 最低保証額 58万4,500円
	配偶者の加給年金 22万4,300円	配偶者の加給年金 22万4,300円	3級よりも軽い障害
	障害基礎年金 97万4,125円	障害基礎年金 77万9,300円	障害手当金 最低保障額 116万9,000円
	子の加算	子の加算	

自営業者の場合

障害等級	1級	2級	3級
支給額	障害基礎年金 97万4,125円	障害基礎年金 77万9,300円	
	子の加算	子の加算	なし

子の加算（18歳まで）	
1人	22万4,300円
2人	44万8,600円
3人以上1人につき	7万4,800円ずつ加算

※2003年4月以降に厚生年金に加入した場合、障害厚生年金の支給額は次の式で計算される（平均標準報酬額×1000分の5.481×被保険者期間の月数）。ただし、被保険者期間が300カ月に満たない場合は、300カ月とみなして計算されるため、ここでは1000分の5.481×300≒1.6としている

基本的にはね。どう？　病気やケガに対する支援は思ったより手厚いでしょ？

本当ですね……。

あなたの場合、月収と傷病手当金の差が９万円。１年間休まないといけないと考えても、**貯金が１００万円くらいあれば、医療費は心配しなくて大丈夫。**ただし、長期入院するようなことがあって、社会復帰するまでさらに時間がかかると考えると、収入の１年分くらいの貯金があれば理想ですね。

図13　傷病手当金と障害年金の受け取り例

会社員（被用者保険に加入）、年収300万円（平均標準報酬額25万円）、配偶者あり、子どもなし、障害等級２級に認定された場合

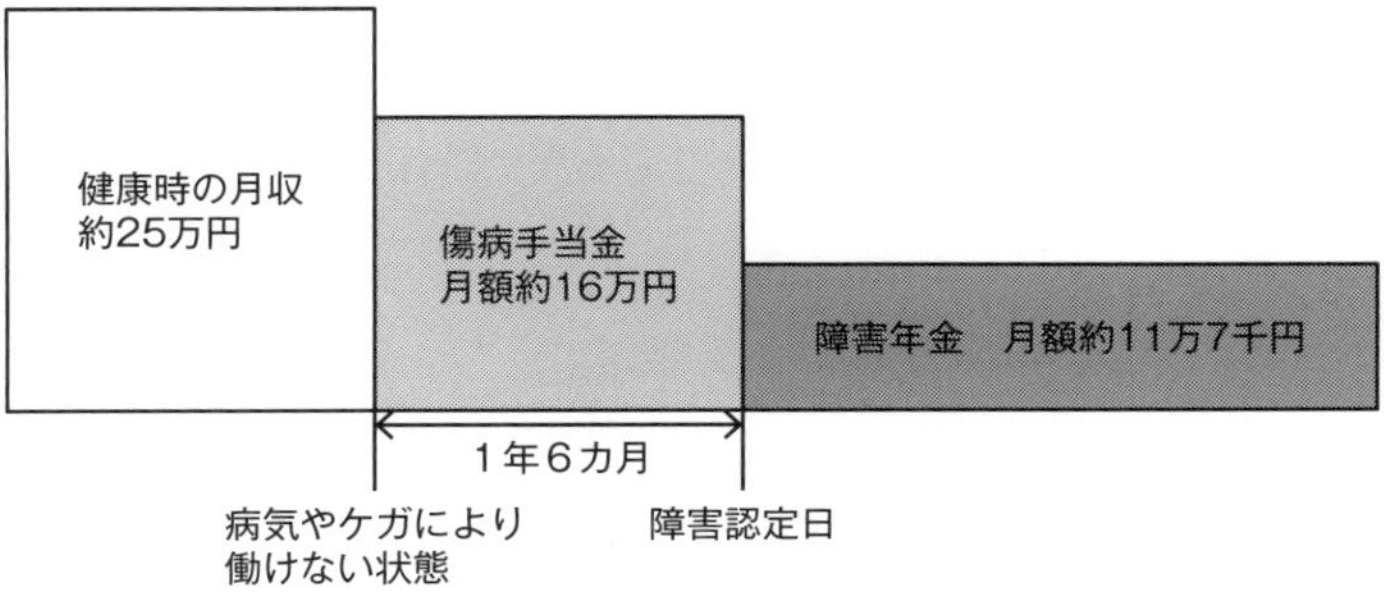

❗ 国民健康保険にご加入の方は、傷病手当金はありません

ということは、僕の場合300万円くらい。

パートナーがいれば2人の合計でいいわけですし、心強いですね。

そうか。そう考えると確かに医療保険はいらないかも……。

病気やけがをして働けない期間が長くなるリスクを考えるなら、所得補償保険を検討してみるのがいいですね。

なんですか？　それ。

所得補償保険はここ数年、各保険会社から販売されて注目されています。これまで民間の保険は、亡くなったらいくら、病気やケガで入院したらいくらというものが多かったのですが、所得補償保険は病気やケガで仕事ができなくなったときの収入の減少を補う保険です。「就業不能保険」として発売している会社

もあります。

なんでそっちのほうがいいんですか？

病気になった場合、怖いのは医療費よりも、職場復帰できるかどうかです。働けなくなっても生活費は必要だし、治療費もかかる。住宅ローンなどを組んでいればその返済もありますよね。子どもがいれば教育費も。収入が途切れるダメージはとても大きいんです。

なるほど。調べてみようかな。

もし勤めている会社を通して入れるＧＬＴＤ（団体長期障害所得補償保険）などの団体保険があれば、それを選びましょう。

どうしてですか？

会社の保険は個人で入るよりも保険料が安いからです。勤務先にもよりますが、福利厚生の1つとして提供している会社はけっこうあります。

うちの会社でもやってるかな。

ちょっと話が逸《そ》れますけど、保険に限らず、**何かを買うときは「誰もが買える」ところから買っちゃダメ**です。

どういうことですか？

どんなことでも、自分が該当している特典を生かさないと損です。勤務先が福利厚生として団体保険や財形貯蓄を扱っているなら、しっかり活用しましょう。例えば生命保険会社の個人年金保険は低金利なのであまりおススメできないけど、会社経由で入る商品の中には、いまでもそこそこの金利がついているものがあります。ほかにも住宅ローンを貸してくれたり、自動車保険の割引があっ

たりするのも大きいですね。勤務先にどんな福利厚生が用意されているかは絶対に確認しておくべきです。

そうか。調べてみればいろいろとあるかもしれないですね。

会社に限らず、住んでいる地域のサービスなどもそうです。スポーツをしたいのであれば、地域のスポーツ施設や自治体が主催するヨガ教室など、住民だけの割引があったりしますよね。そういったものを上手に活用しましょう。

ああ、街の掲示板なんかにもお知らせが出ていますよね。

お金を貯める基本は、無駄な支出を減らす、言い換えればなるべくお金を払わないことです。**少しでも安く手に入るならそれに越したことはない**わけです。

ポイント

◎夫婦2人の生活では、基本的に死亡保険や医療保険は不要。所得補償保険を検討するほうがよい

◎誰でも買えるところから買ってはダメ。勤務先や住んでいる自治体など、そこにしかないおトクな情報を調べよう

マイホームと賃貸どっちがいい？

先生のお陰で、夫婦生活の不安もだいぶ解消されてきました。これならマイホームも夢じゃないですかね？

さあ出ました。なんでみんなそんなに家を欲しがるのかしら？

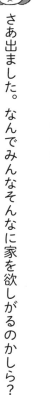

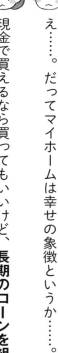

え……。だってマイホームは幸せの象徴というか……。

現金で買えるなら買ってもいいけど、**長期のローンを組んでまで買っちゃダメ。**借金は時間泥棒です。35歳で30年ローンを組むと、65歳まで家のために働くことになります。ぞっとしない？

確かに、ぞっとします……。

途中でお金を稼げなくなっても、返し続けなきゃいけない。**ずっと重い重い借金を抱えることになる**んですよ？

ぞっとします……。

家に限らず、借金はしないほうがいい。無理せず買える金額でないのなら、自分たちの身の丈に合っていないと考えることです。

はい……。

それに、同じ程度の住まいなら、**賃貸でも持ち家でも生涯の居住費は変わらな**

いという試算もあります。

そうなんですか!?

その住居の価値や地域によっても違いますけどね。確かに賃貸にはデメリットもあります。年金暮らしになってもずっと家賃を払わなきゃいけないとか、高齢になったら保証人になってくれる人がいないかもしれないとか。

ほら、やっぱり……。

その点、自分の家なら安心かもしれませんね。ただし、持ち家にもデメリットはあります。例えば老後に介護施設に入ろうとか、もっと便利なところに引っ越そうと思ったとき、自宅を売って資金を作ろうにもなかなか売れないとか。

うーん……。

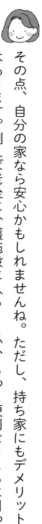

どっちもメリットとデメリットがありますね。定年後、どこで誰とどんな生活をするんだろうってことまでイメージしてから、買うか買わないかを考えなければいけません。

それでも買うとしたら？

どうしてもマイホームが欲しいなら、短期間のローンで払える家を買うことですね。身の丈に合った金額の家。できればそれよりも安い家。日本ではすでに住宅が余ってるし、今後も人口減少の影響で空き家がどんどん増えていきます。**高いお金を払って新築にこだわる必要もありません。**親から譲ってもらえるならそれもいいし、中古をリフォームしてもいい。

リフォーム、最近流行《はや》ってますね。

私の友人は横浜から少し離れた場所で築30年くらいのマンションを買いました。

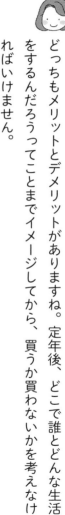

リフォームして、ローンもほとんどありません。親子4人で楽しく暮らしていますよ。探せば身の丈に合った家がきっと見つかります。

それも楽しそうですね。

多額のローンを組んで家を建てて、最初は楽しく暮らせたとしても、返済のために必死で働き続け、ある日もしかしたら会社が倒産して収入がなくなるかもしれない。そんなことがあったら、どんな困難が待っているかも想像しましょう。ローンを組むにしても、必ず30年だとかって思い込む必要はありません。

ポイント

◎無理してマイホームを買う必要はない。賃貸と持ち家それぞれのメリットとデメリットを考えよう

◎これからの日本では空き家が増えていく。どうしてもマイホームが欲しければ中古を買ってリフォームしよう

介護費用はいくら必要か

先生、結婚するとなると、もう１つ不安があるんです。

まだあるの……。

ズバリ、親の介護です。いまはまだお互いの両親は元気ですけど、将来的には避けられない問題ですよね。

そうね、それも大事ね。まず先に言っておきたいのは、**親の介護のために仕事を辞めてはいけない**ということ。

介護離職が増えてるっていいますよね……。

どうしようもない場合もあるんだと思うけど、そうならないためにも早い段階からの準備が大事です。まずは親の資産がどれくらいあるか教えてもらうことです。

うーん……。でも聞きづらいですよね……。

聞きづらくても聞かないとダメ。これが分かっていないと、親をフォローしたくてもできないから。ちゃんと聞けば親は教えてくれますよ。子どものためだから。

そうですよね……。

資産の棚卸しをしておいてもらうんです。細かいことまで聞かなくていいけど、

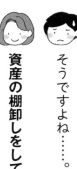

どこの銀行に貯金があるのか、いくらくらい年金をもらっているか、保険に入っているかいないかくらいは教えてもらっておかないと。それから、たくさんの金融機関とつき合いのある人だったら、70歳くらいには1つか2つの銀行にまとめてもらう。本人が行かないとお金を移せなくなっちゃうから。

そういうこともあるんですね……。ちゃんと準備しておくのって大事ですね。

実際に介護状態になったり亡くなったりしてからでは大変なんです。

介護費用っていくらくらいかかるんですか？

介護っていちばん金額が分からないものなんです。個人差が大きいから。実際にそうなってみないと、介護の程度もどれくらいの期間になるのかも分からない。まず、ざっくりでいいから公的介護保険の仕組みを把握しておいたほうがいいですね。

教えてください！

要介護状態になれば、公的介護保険によって、自宅や施設で介護サービスを受けることができます。自己負担は通常1割、収入が多い人は2割（2018年8月からは3割）です。この**自己負担分が一定額を超えると、超えた分を高額介護サービス費として払い戻してもらえます**（図14）。

さっきの高額療養費制度と同じですね。自己負担額は4万4400円か。

そうそう。生命保険文化センターが2015年に行った「社会保障に関する調査」では、1人当たりの介護費用は約550万円です。内訳としては、自己負担額に細々とした介護費用を加えて毎月約8万円。介護の平均期間は4年11カ月なので、累計472万円。さらに住宅の改修など、一時的にかかる費用が約80万円となって、トータルで約550万円。

図14　介護の自己負担

介護保険を使って受けられる主なサービス

●自宅や「特定施設（介護付き有料老人ホームなど）」でサービスを受ける

訪問	訪問介護、訪問看護、訪問リハビリテーションなど
通い	デイサービス、デイケア
宿泊	ショートステイ

●公的介護施設に入所してサービスを受ける

常時介護	特別養護老人ホーム
医療ケアと介護	老人保健施設
療養と介護	介護療養型医療施設

介護費用の自己負担割合（収入別）

年金などの収入	自己負担割合
単身で年340万円以上 夫婦で年463万円以上	2割(2018年8月以降は3割)
単身で年280万～340万円未満 夫婦で年346万～463万円未満	2割
単身で年280万円未満 夫婦で年346万円未満	1割

「高額介護サービス費」による自己負担上限額

対象者	世帯の１か月の上限額
住民税課税者がいる世帯	4万4400円
住民税課税者がいない世帯	2万4600円

自己負担額が一定額以上になったら払い戻してもらえる！

うわっ……。やっぱり結構かかりますね……。

介護費だけでなく医療費も考えておきましょう。ただ、70歳以上の高齢者で年金のみの収入など、年収が少ない場合は自己負担の限度額は低くなります。実際には、それほど大きな負担にはならないでしょう。老後に必要な医療費は一般的に約２５０万円といわれています。それに介護費用の５５０万円を加えると、８００万円程度。

さらに増えちゃった……。

ただ、介護期間の平均は5年弱だけど、５年近辺に集中しているということではなく、かなりまばらになっています。「１年未満」の場合も12%、逆に「10年以上」の場合も15・9%あります。１００万円以内で済む場合もあれば、逆に１０００万円以上かかることもあるということですね。

うーん……。

みんながみんな介護状態になるわけではありません。それに、あなたたちもこれから年齢を重ねるに連れて、自分たちの介護について考えるようになると思うけど、親はきっと自分たちで何とかできるように準備していると思いますよ。

そうか！　そうですよね！

そうしたことを明確にしておくためにも、早めに親の資産状況を聞いておくことですね。そうすればいくらくらいの支援が必要なのかが分かります。

大切なことなんですね。僕も早く聞いておくようにします。

ポイント

◎老後の介護・医療費用の準備の理想は1人800万円
◎支援が必要なのかを知るためにも、早めに親の資産状況を聞いておこう

借金は時間泥棒

ドイツの児童文学作家であるミヒャエル・エンデが書いた『モモ』（岩波書店）という作品をご存知でしょうか。

ある日、主人公の〝モモ〟が住む村の床屋に、〝灰色の男〟が現れます。男は床屋の主人に、普段いかに時間を無駄にして生活しているかを諭します。灰色の男に言わせれば、床屋の主人が耳の聞こえないお母さんを相手におしゃべりすることも、ペットのインコの世話をすることも、歩けない恋人に毎日花を届けることも無駄な時間です。

さらに灰色の男は、無駄を削って余った時間を時間銀行に預ければ、倍になって返ってくると勧めてきます。主人は男の言うことを信じ込み、時間を節約することがすばらしいことだと考えるようになります。お母さんを養老院に入れ、インコを売り払い、恋人にはもう会えないと手紙を書きます。そして、ただただ時間を節約する日々を過ごします。

同じことが村中で起きていたのですが、節約した時間が彼らに返ってくることはありませんでした。時間を節約するようになった人は、なぜか灰色の男と会ったことを忘れてしまうのです。そうして灰色の男は村人たちが節約した時間を奪っていきます。

毎日がどんどん早く過ぎていくことに気づいた村人たちは、さらに死に物狂いで時間を節約しようとします。次第に人びとは時間に追われ、心もギスギスするようになります。

古くからある家は取り壊され、余分なものが一切ついていない、同じような建物が立ち並ぶようになります。そのほうがお金も時間も節約できるからです。建物が同じように見えるのですから、道路もやはり同じようになります。そうして同じ外見の街並みがどこまでも続くようになってしまいます。

時間を節約することで、本当に大事なものを失ってしまうことに、村人たちは気づきませんでした。そして人々の生活もまた、街並みと同じように、貧しく、画一的に、冷たくなっていきます。

借金は、この時間泥棒と同じです。借金をすれば、労働力も稼ぎもずっと先食いされてしまいます。働いても、働いても、追いつくことができません。ただお金を稼ぐために必死で、いつの間にか、ゆとりや人間らしさを失っていってしまうのです。

物語ではモモの活躍によって時間が取り戻されますが、現実ではそうはいきません。借金に自分の時間を支配されるようになってから悔やんでもどうしようもないのです。

私、子供は絶対欲しいの！
はい
ありがとう
僕も、子どもと公園で遊ぶのが夢なんだ
子ども欲しいなぁ
あれ？でも、出産費、養育費、教育費…
ちゃんとした教育を受けさせてあげられないかも…
父親失格!?
まだお子さんできてないでしょ
いまから不安になってどうするの？
子育てには色々な補助金があります！上手に活用していけば、不安なく子育てできますよ！

第3章

子どもにかかるお金はこう考えよう

～子育て編～

出産に対する公的支援はとても手厚い

先生、結婚には前向きになれました。でもまた次の不安が……。

今度は何かしら？

彼女は子どもが大好きで、結婚したら絶対に子どもが欲しいと言っています。僕も同じですけど、出産期間中に僕の収入だけで暮らしていけるんでしょうか。どれくらい貯金があれば安心ですかね……。

なるほど。じゃあ出産にかかる費用から説明しますね。まず、**出産は病気では**

ないので健康保険の対象になりません。

そうですよね……。

もちろん、妊娠中に病気になったり、普通分娩ができずに帝王切開《せっかい》になったりした場合は、健康保険の対象ですけどね。基本的に入院や分娩《ぶんべん》費用は自己負担です。ほかにも産着や寝具などの準備も必要になります。平均的な費用は、合計で大体50万円くらい。加えて、出産のお祝いをもらったら内祝いが必要ですね。

うわっ、やっぱり結構かかるんですね……。

それから、妊娠期間中にお腹の中の赤ちゃんが順調に育っているか、お母さんの体調に問題がないかを確認するために、14回程度の妊婦健診を受けることが日本では推奨されています。これも健康保険がきかず自己負担。医療機関によって費用は異なりますが、1回当たり数千円から1万円程度かかります。

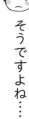

14回分って考えると……。

でも心配しないで大丈夫。**妊婦健診は公費による助成があります**。助成額や方法は自治体ごとに違うので、結婚したら住みたいと思っている自治体の制度がどうなっているかを確認しておくといいですね。14回分すべての補助をもらえる自治体もあります。

全部無料なんですか！

最近は妊婦健診に限らず、妊娠・出産、子育てに関する助成は、少子化対策の一環として手厚くなってきています。

図15　出産に必要とされる費用

入院・分娩費用	平均42万円
出産準備購入費用	約9万7000円
内祝い費用	もらったお祝いの３分の１から２分の１程度

『たまごクラブ』調べ

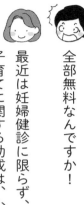

例えば、名称はそれぞれ違いますが、多くの自治体が「子育て支援パスポート」制度というものを設けています。パスポートを提示すると、飲食店で粉ミルクのお湯を提供してもらえたり、おむつ替えのスペースを使えたり、景品をもらえたり、割引があったりと。自治体の助成は事前に調べておきましょう。

そうなんですね。聞いてよかった。

次に、妻が出産で仕事を休んで収入がなくなる期間のお金ですね。まずは健康保険や雇用保険からの給付があります。出産時には「出産育児一時金」、産休時には「出産手当金」、育児休業中には「育児休業給付金」（図16）。

へー。いろいろあるんですね。

そうなの。**知らないともらえないものもあるから、必ず調べてくださいね。**

絶対調べます！

まずは健康保険からもらえる「**出産育児一時金**」について（図17）。これは出産費用の負担を軽減するためのものです。**妊娠4カ月以上で生まれた子ども1人当たり42万円がもらえます**。

そうすると、さっき教えてもらった入院・分娩費用をほとんどカバーできることに……。

そうです。生まれた子どもの人数分もらえるから、もしも双子なら84万円受け取れます。しかも、「直接支払制度」

図16　出産でもらえるお金

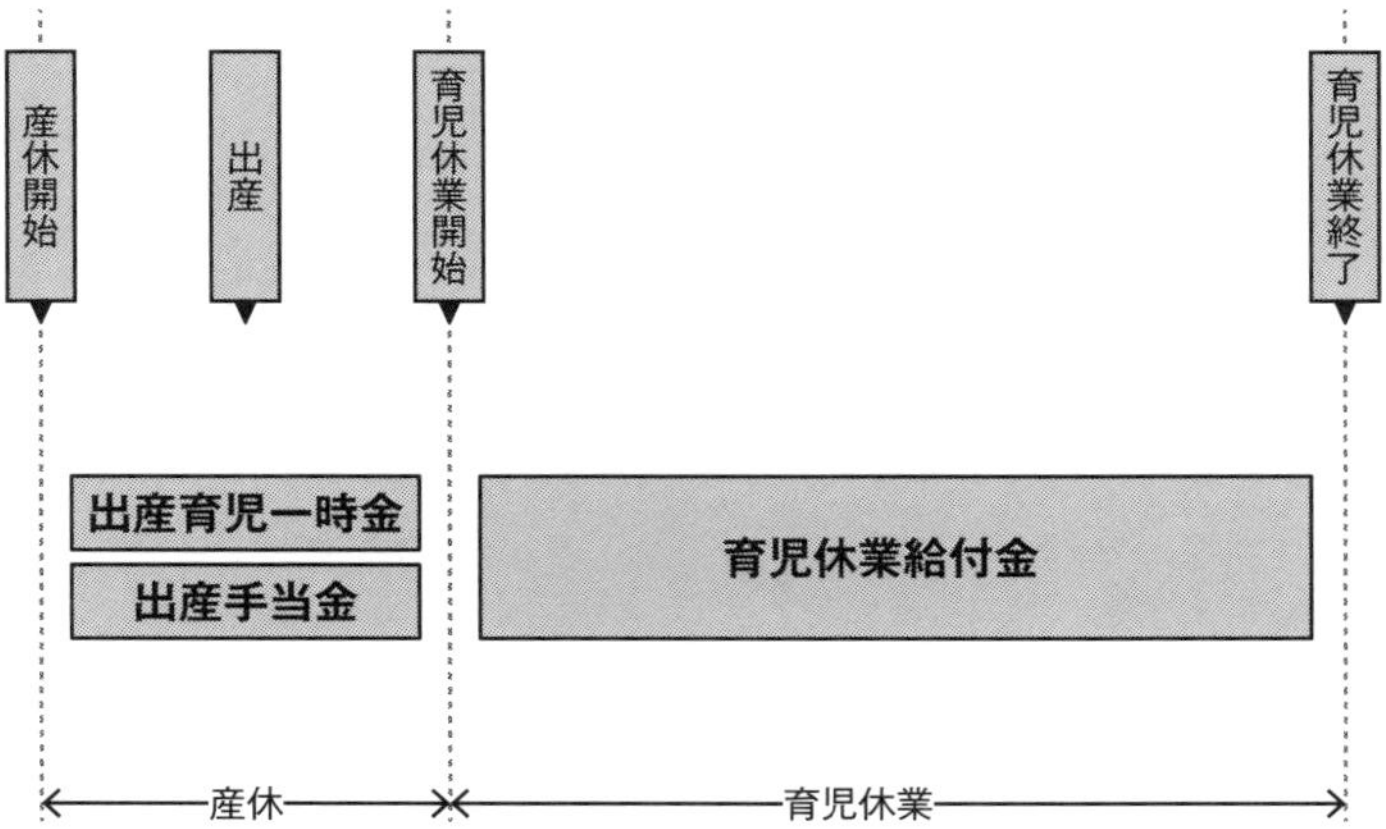

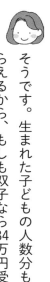

といって、**医療機関に直接支給されるので、退院時に大きなお金を用意しておかなくても大丈夫。**医療機関には42万円を超えた分の差額を払えばいいんです。逆に42万円未満で収まった場合は、請求することで差額を受け取ることができます。

ホッとしました。

次は産休時の「**出産手当金**」ね（図18）。これも健康保険からの支払いです。**働いている女性が産休を取り、その間給料が減額されたり、無給になったりした場合に受け取ることができます。**支

図17　出産育児一時金

どんな人がもらえるの？	妊娠４カ月（85日）以上で出産した人
いくらもらえるの？	子ども１人につき **42万円** （健康保険組合や自治体によって＋αが付く場合も）

給期間は産前42日、産後56日。

どれくらいもらえるんですか？

1日当たりの支給額の目安は、第2章で説明した傷病手当金と同様に、月収を30日で割ったその3分の2。彼女はあなたと同じくらいの収入だって言ってましたね？　ということはあなたの傷病金手当の例（80ページ参照）と同じで、1日当たり5333円。産前産後の合計98日分×5333円で、約52万円を受け取ることができます。お給料が減額されている場合、この出産手当金よりもお給料が安ければ差額が支

図18　出産手当金

どんな人がもらえるの？	健康保険に加入している会社員・公務員 産休中に給与を３分の２以上もらっていないこと
いくらもらえるの？	日給の３分の２相当額 **約52万円** （標準報酬月額24万円の人が98日分もらった場合）
いつまでもらえるの？	出産予定日以前42日～出産日後56日間

払われますが、お給料のほうが高い場合は支給されません。

52万円か……。結構な額ですね。

それに、もし予定日よりも出産が遅れたら、その日数も加算できます。

安心して休めますね。予定日よりも早かったらどうなりますか？

健康保険の仕組みとしては、産前は実際の出産日以前の42日間、産後もやはり出産日後56日間と考えます。だから、産前産後合わせて98日間の日数は変わりません。ただし、繰り返しになるけど、出産手当金は出産のために仕事を休み、賃金が支払われない、あるいは減額されたときに支給されるものです。労働基準法では、産前産後の休業期間（産前6週間、産後8週間で出産手当金の支給対象期間と同じ）が定められています。それより早く産前休業に入った場合は別だけど、労働基準法通り予定日のちょうど6週間前から産前休業に入って、実

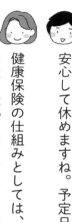

際に出産が早くなってしまった場合、産前休業はその分短くなります。無給期間が短くなるわけだから、出産手当の日数も少なくなります（図19）。

そうか。計算違いにならないようにしないといけませんね。

まだありますよ。**育児休業中は、「育児休業給付金」がもらえます**（図20）。こちらは雇用保険からの給付です。受け取れるのは、子どもが1歳になるまでの1年間（出産手当金受給期間を除く）。支給額は育児休業開始から180日目までが、休業開始時賃金日額（育児休業開始前6カ月の賃金を180で割った額）の67%を日数分。181日目からは50%を日数分。つまり最初の半年は67%、残り半年は50%ということですね。

途中から50%に下がるのが残念ですね……。

従来全期間50%だったものが、2014年に最初の半年が67%に引き上げられ

図19　出産手当金の出産予定日と出産日の考え方

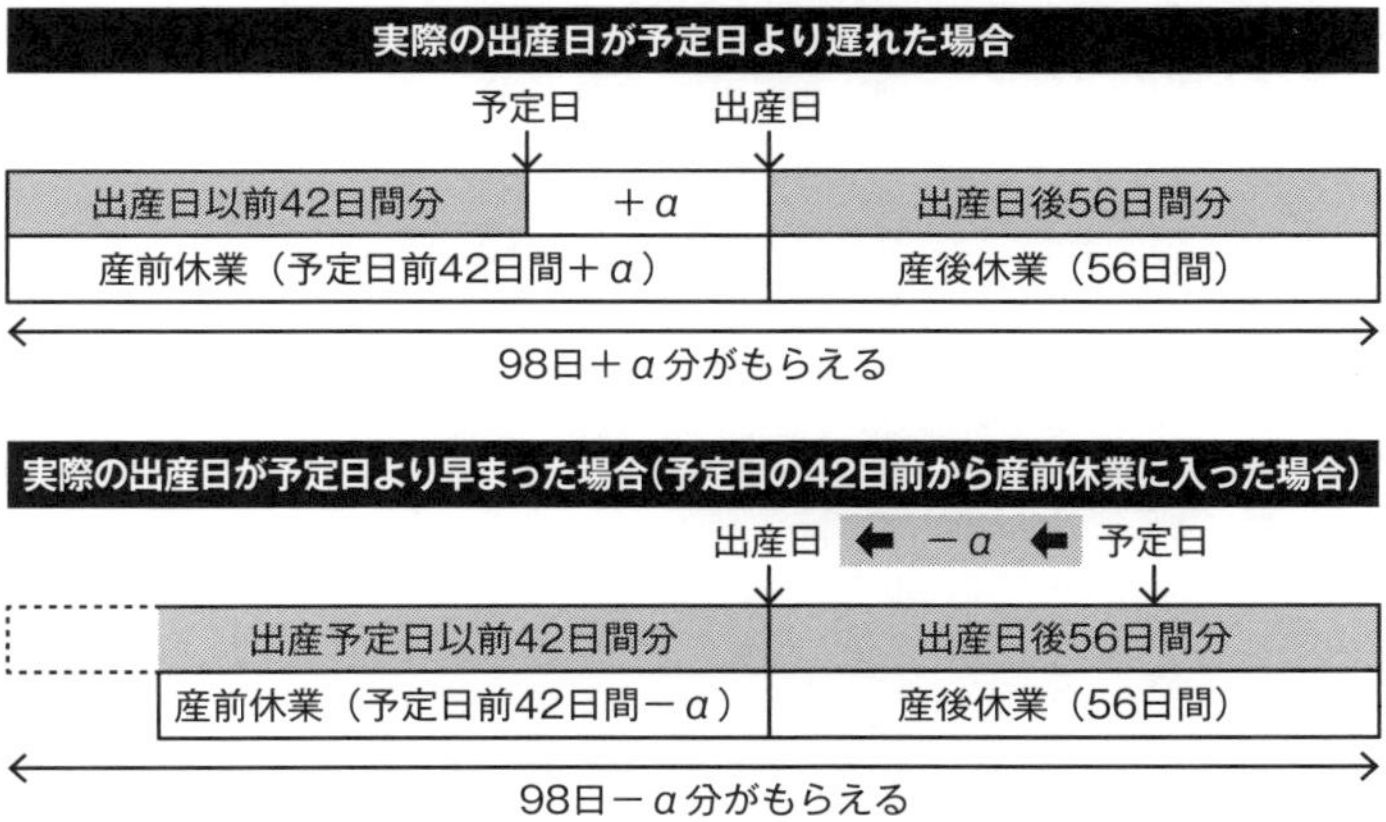

図20　育児休業給付金

どんな人がもらえるの？	雇用保険に加入していて、育児休業前２年間に１年間以上勤務している男女
いくらもらえるの？	給与の67%～50% （厚生年金保険料、健康保険料は免除） **約150万円** （月給25万円の人が10カ月間もらった場合）
いつまでもらえるの？	子どもが１歳（最大２歳）まで

たんですよ。

おお、じゃあ僕たちはおトクだ。

まあ、そうですね……。ちなみに67％というのは、**休む前の手取り賃金で比べると約8割に相当**します。

えっ！　そんなに？

例えば1カ月の給与が25万円で手取りが20万円なら、育児休業開始から6カ月までは1カ月当たり67％相当額の16万7５００円、そこから6カ月間は50％の12万5０００円が支給されます。育児休業給付金には所得税がかからないし、育児休業期間中は厚生年金保険料や健康保険料の社会保険料も免除されるから、手取りと比べればそれくらい。

そうか、**お金をもらえる上に払うお金も少なくなる**んだ。

それに厚生年金保険料が免除になっても、年金加入期間として扱われ、将来の年金額が減ることはありません。健康保険料の免除中も、3割負担のままで治療を受けられます。

育児休業を取って、給付金をもらわないと損な気がしてきました。

育児休業は父と母いずれも取得できますから、お父さんにもぜひ活用してほしいですね。

ああ、僕の友達も育休を取っていました。

それはいいですね。厚生労働省のデータでは、妻の取得率が83・6％で、夫は1・89％（「雇用均等基本調査」2012年度版）。やっぱり夫が休むことが収入

源の不安になるのでしょう。政府は夫の育児休業取得率を引き上げることを目標としていて、その不安を解消するためとしても、給付率を引き上げたんです。

2人で同時に取れるんですか？

取れるけど、**おトクな取り方はそれぞれ順番に半年ずつ取る**こと。そうすると給付率が下がらないから。

半年後に50％に下がらないってことですか？

そう。まず妻が半年間給付率67％で取得して、次に夫が育児休業を取れば、そこからの半年間も給付率67％で取得できます（図21）。

おお！　おトクだ！

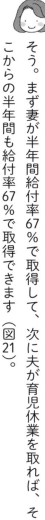

さらに、育児休業給付金は通常子どもが１歳になるまでしかもらえないけど、「パパ・ママ育休プラス制度」といって、**夫婦共に育児休業を取ると子どもが１歳２カ月になるまでもらえます**（図21）。

さらにおトク！

ほかにも育児休業給付金の受給を延長できる場合があります。最近は育休後に仕事に復帰したくても、保育園が見つからない場合も多いようですね。その場合は、育休を１歳６カ月まで延長することができて、給付金も受け取れます。２０１７年10月からは、さらに

図21　夫婦で育児休業を半年ずつ取れば、給付率が下がらない

パパ･ママ育休プラス制度を利用し、ママが６カ月間取得後、パパが６カ月間取得した場合

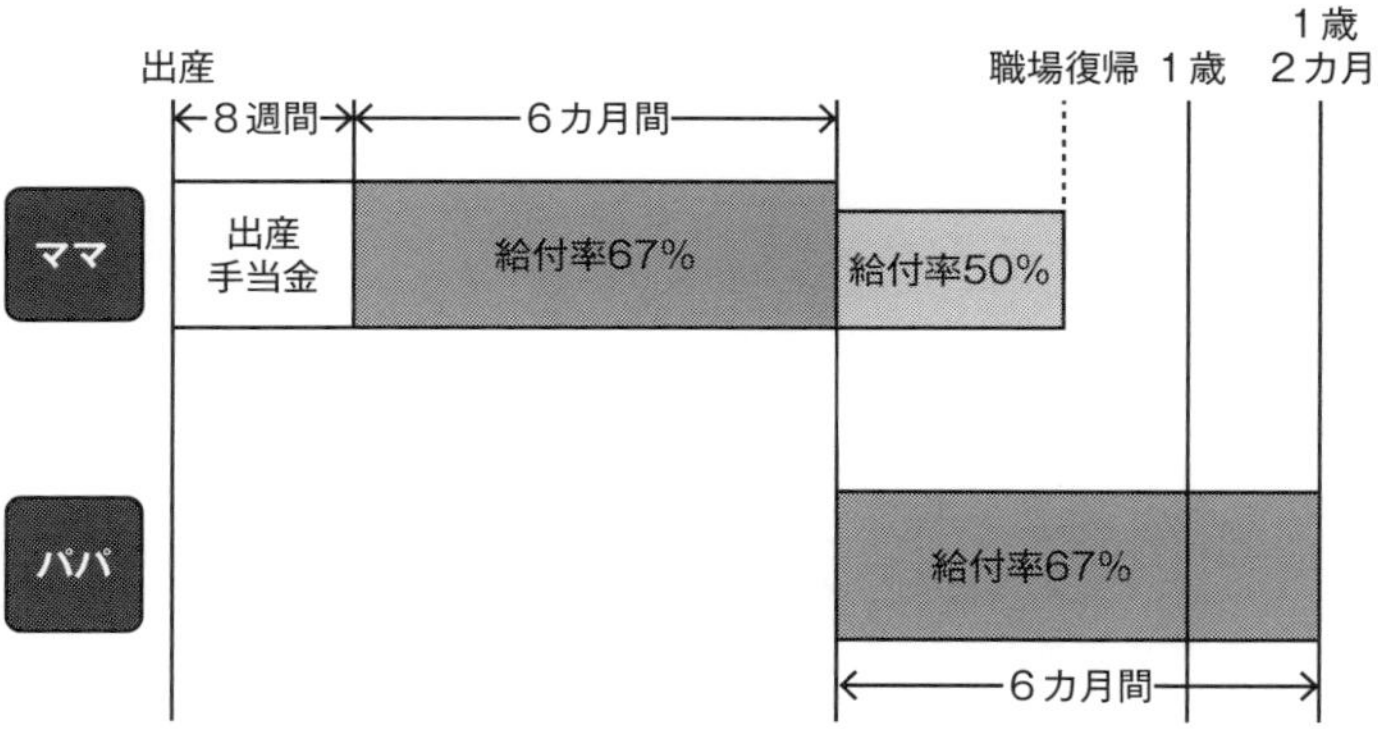

2歳まで延長できることになりました。

なかなか保育園に入れないっていいますもんね……。2年あれば少し安心ですね。

それで話を戻して、**出産のためにいくら貯めておけばいいか。目安は妻の給料の3分の1の金額を、休む期間分。**

年収３００万円の人が1年間休むとして、１００万円くらいか。意外と少ないんですね。

そうでしょ？　給付金で最初の半年が67%、それ以降50%で、社会保険料が免除と考えるとそれくらい。もっとしっかり準備しないと産めないって考える人も多いけど、**出産に対する公的支援は本当に手厚い**の。

どれだけのお金をもらえるかとか、ちゃんと調べれば前向きになれる人も多いかもしれませんね。

そうそう。だからまずはしっかり調べて欲しい。ここまで紹介してきた出産育児一時金、出産手当金、育児休業給付金、それに社会保険料の免除なども、加入する健保組合や自治体、勤務先に**自分で申し出なければ給付されません**。ちゃんと勉強して忘れないように。

忘れません、こんな、おトクなこと！

育休を長く取ればもっと必要だけど、最近は１年くらいで保育園に預ける場合が多いみたいですね。

僕の周りにもそういう人は多いけど、１年だけだと寂しいとか、不安だっていう人もいますよね。

そうね。そのあたりの考え方、感じ方は人それぞれでしょうけど、私は2年休めたらいいかなって思います。

ということは、給付金の出ない期間も考えなきゃいけないから……。

うん。そうなんだけど、**2年休みたいから2年分の準備をしてから産もうと考えるよりは、授かったら産むべき**だと思います。子どもは授かりものだから。お金を貯めて、万端に準備しても、ちょうどいいタイミングで授かるとは限りません。お金のために子どもをどうするかを考えるのは、私は反対ですね。

そうですね！　産みます！　いや、産んでもらえるように彼女を支えます！

それから、なるべくなら**産後は元々やっていた仕事に戻れるようにしておきたい**ですね。出産するときに会社を辞めちゃって、落ち着いたらまた探そうっていう人もいるけど、ただでさえ赤ちゃんを抱えて大変なのに新しい環境だとさ

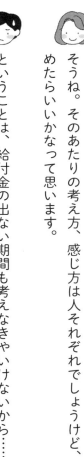

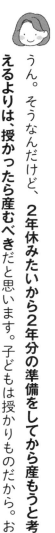

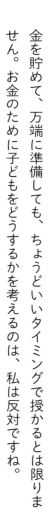

らに苦しくなります。最近はそうしたことに配慮してくれる会社も増えてきていますし。

職場の理解は大事ですよね。でも、復帰しても時短勤務で給料は減りそう……。

多少は減ったとしても、やっぱり続けたほうがいい。子どもを預けて働くのは本当に大変なの。小さい頃はすぐに熱を出すから、その度に仕事を休まざるを得なくなります。

僕の会社にも小さなお子さんのいる先輩が働いているけれど、大変そうです……。

制度としては、「子の看護休暇」といって、小学校就学前までは、1年間に5日まで、病気やケガをした子の看護や予防接種、健康診断のために休暇が取れます。それに、3歳に満たない子がいれば、残業の免除を事業主に請求すること

もできますし、1日6時間までの時短勤務もできます。3歳を越えても、小学校就学前までは、1カ月の残業時間は24時間までに制限されます。事業主は、基本的にこれらを拒否できません。とはいえ、やっぱり周りの人に申し訳なく感じて、精神的にも辛くなる。自分の体調も産後なかなか戻らなかったりして、仕事を辞めてしまう妻が意外と多いんです。

そうか……。

だからこそ、妻が仕事を続けられるように、夫も育休を取ることを考えてほしい。2人で協力して、乗り切っていけるように。2人の子どもなんだから。子どもの様子や、お母さんの体調、お金との兼ね合いを考えながら、育休の取り方も2人で工夫すればなんとかなりますよ。

そうですね！　頑張って育てます！

うんうん。

ポイント

◎出産に対する公的支援はとても手厚い。事前に調べてしっかり受け取ろう
◎出産に必要な貯金の目安は妻の収入の3分の1を休む期間分
◎お金を理由に子どもをどうするかと考えるのはやめよう。２人で工夫すればどうにかなる！

教育にかかるお金、もらえるお金

ただ……。

まだあるの……。

教育費です。子どもを育てて、大学まで行かせるためには、安くても2000万円必要だっていうじゃないですか。とても払えないように感じるんですけど……。

教育費も進路によってかなり幅があるんですよ。仮に**幼稚園から大学まですべ**

て公立なら７８０万円くらいですね（図22）。

ええ！　そんなものなんですね。でも、共働きだと最初は保育園に預けることになりますよね。

保育園の保育料は親の年収や子どもの年齢、自治体によって違います。１歳まで育休を取り、１歳から小学校に入るまで預けると合計で１１２万円程度（東京都目黒区、世帯年収６００万円の場合）です。

最初が保育園で小学校から大学まですべて公立だとして、８１５万円くらいか。

そうですね。ちなみに、教育費がもっとも高額になるケース、**幼稚園から大学まですべて私立に通い、大学は私立医歯系を卒業すると約３３００万円**です。

うわあ……。でも先生！　ここでも何か補助はないんですか？　ありますよ

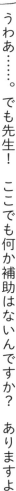

図22　教育費ってどれくらいかかるの？

保育園(目黒区、世帯年収600万円の場合)		
2歳まで(年額)	3歳(年額)	4歳から(年額)
24万2400円	16万800円	15万9600円
1歳から小学校入学まで		
約112万円		

幼稚園		
	年額	3年間で
公立	22万2264円	約67万円
私立	49万8008円	約149万円

小学校		
	年額	6年間で
公立	32万1708円	約193万円
私立	153万5789円	約921万円

中学校		
	年額	3年間で
公立	48万1841円	約145万円
私立	133万8623円	約402万円

高校		
	年額	3年間で
公立	40万9979円	約123万円
私立	99万5295円	約299万円

大学		
	初年度	4年間で
国立	81万7800円	242万5200円
私立文系	114万6819円	385万9539円
私立理系	150万1233円	521万7624円
私立医歯系	460万6887円	1531万3164円

●保育園の費用は「東京23区保育園マップ」による
●幼稚園、小学校、中学校、高校、私立大学の費用は文部科学省「平成26年度子供の学習費用調査」および「平成26年度私立大学等入学者に係る初年度学生納付金平均額(定員1人当たり)の調査結果」による
●国立大学の費用は「平成28年度国立大学等の授業料その他の費用に関する省令」の標準額から算定

ね？　きっとありますよね！

……。はいはい、「**児童手当**」があります。

やっぱり！

児童手当は、**0歳から中学3年生までの子どもを育てている人がもらえます**。すべて子ども1人につき月額で、3歳未満は1万5000円、3歳から中学校卒業までは1万円（第3子以降の3歳以上小学校卒業までは1万5000円）です。児童手当には所得制限（図23）があり、共働きなら年収が高いほうで判定し、限度額を超える場合は、一律5000円になります。

0歳からの分を合計すると、210万円か。

家計簿もつけてなかったのに、そういう計算は早いのね……。

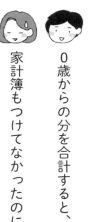

図23　児童手当

支給額

児童の年齢	児童手当の額（１人当たり月額）
３歳未満	一律1万5000円
３歳以上小学校修了前	1万円（第３子以降は1万5000円）
中学生	一律1万円

所得制限限度額

扶養親族等の数	所得制限限度額	収入額の目安
０人	622万円	833万3000円
１人	660万円	875万6000円
２人	698万円	917万8000円
３人	736万円	960万円
４人	774万円	1002万1000円
５人	812万円	1042万1000円

●いずれの表も内閣府リーフレット「児童手当」を参照して作成
●「収入額の目安」は給与収入のみでの計算による
●児童を養育している人の所得が上記の額以上の場合、法律の附則に基づく特例給付（児童１人当たり月額一律5000円）を支給
●所得税法に規定する老人控除対象配偶者または老人扶養親族がいる人の限度額（所得額ベース）は、上記の額に当該老人控除対象配偶者または老人扶養親族１人に付き６万円を加算した額
●扶養親族が６人以上の場合の限度額（所得額ベース）は、５人を超えた１人に付き38万円（扶養親族等が老人控除対象配偶者または老人扶養親族であるときは44万円）を加算した額

さっきの815万円から引いて、それでもまだ600万円以上……。先生、奨学金ってあるじゃないですか。

はいはい。

あ、でも、奨学金って返さなきゃいけないから結局は同じか……。

貸与《たいよ》型といって返済の義務があるものと、給付型の返さなくていいものの2種類です。給付型も、各学校独自のものから自治体や団体が設けるものまで、探せばいろいろありますよ（図24）。

へー。でも、誰でももらえる訳じゃないですね。

成績と収入を基準にしているところが多いようです。

図24　給付型の奨学金の例

	名称	申請資格	特徴・給付額・採用人数
早稲田大学	めざせ！ 都の西北奨学金	●首都圏（東京、神奈川、千葉、埼玉）以外の高校出身者が対象 ●収入基準あり	●地方の高校生向け ●半期分の授業料相当額を4年間 ●約1200名
広島大学	フェニックス奨学制度	●学力基準（大学入試センター試験得点が一定以上） ●収入基準あり	●県外生も応募可能 ●授業料・入学金を全額免除の上、毎月10万円を給付 ●学部新入生10名程度
東京都 江戸川区	木全・手嶋育英資金	●区内に1年以上住んでいること ●収入基準あり	●地元高校生を支援 ●入学金20万円、奨学金年額35万円 ●10名程度
電通育英会	大学奨学生 （高校時予約・給付型）	●指定大学への進学者 ●成績基準あり ●収入基準あり	●対象の国・公立高校からの推薦 ●入学一時金30万円、月額6万円を最長4年間 ●70名程度（2017年度）

●各大学、自治体、団体のHPをもとに作成

僕の子どもだとあまり期待できないかも……。貸与型にはどんなものがありますか？

代表的なのは、日本学生支援機構の奨学金です。無利息で借りた金額だけを返せばいい第１種と、利息がつく第２種があります（図25）。進学先や、自宅から通えるかどうかで、貸与月額が違ってきます。

これって大学とかが対象ですね。高校生向けの奨学金はありますか？

年収が９１０万円程度未満なら、高校生には国から「**高等学校等修学支援金**」が給付されます（図26）。金額の目安は公立高校の授業料程度で、年間約12万円。私立高校に通っていて、世帯年収が５９０万円程度より少ないと加算があります。これは学校を通して申請します。

探せば結構あるものですね。でも、成績が悪くて奨学金をもらえないかもしれ

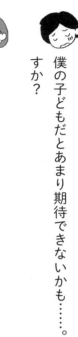

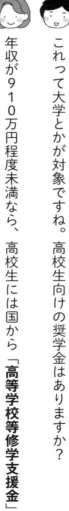

図25　貸与型奨学金（日本学生支援機構）

第一種奨学金（無利息）

区分（貸与月数）		通学	貸与月額
大学（48カ月）	国・公立	自宅	4万5000円
大学（48カ月）	国・公立	自宅外	5万1000円
大学（48カ月）	私立	自宅	5万4000円
大学（48カ月）	私立	自宅外	6万4000円
大学（48カ月）			3万円※
短大 専修（専門）（24カ月）	国・公立	自宅	4万5000円
短大 専修（専門）（24カ月）	国・公立	自宅外	5万1000円
短大 専修（専門）（24カ月）	私立	自宅	5万3000円
短大 専修（専門）（24カ月）	私立	自宅外	6万円
短大 専修（専門）（24カ月）			3万円※
通信教育（大学・短大・専修〈専門〉）—面接授業期間（１カ月）			8万8000円

区分（貸与月数）		通学	貸与月額
高専（36カ月＋24カ月）	国・公立	自宅	2万1000円（4万5000円）
高専（36カ月＋24カ月）	国・公立	自宅外	2万2500円（5万1000円）
高専（36カ月＋24カ月）	私立	自宅	3万2000円（5万3000円）
高専（36カ月＋24カ月）	私立	自宅外	3万5000円（6万円）
高専（36カ月＋24カ月）			1万円※（3万円）※
大学院	修士課程（24カ月）		5万円または8万8000円
大学院	博士課程（36カ月）		8万円または12万2000円

※国公私立・通学形態にかかわらず、大学・短大・専修学校専門課程・高専では貸与月額 3万円（高専1～3年生は１万円）を選択することができる。

●高専の（ ）内月額は、平成29年度入学者が4年次に進級したときに適用。

第二種奨学金（利息付）

区分	貸与月額（選択制）
大学・短大・高専（4・5年）・専修（専門）	3万円・5万円・8万円・10万円・12万円から選択
私立大学　医・歯学課程	12万円を選択した場合に限り、4万円の増額可
私立大学　薬・獣医学課程	12万円を選択した場合に限り、2万円の増額可
大学院	5万円・8万円・10万円・13万円・15万円から選択
法科大学院	15万円を選択した場合に限り、4万円または7万円の増額可

●いずれの表も独立行政法人日本学生支援機構「平成29年度奨学金ガイド」をもとに作成

ないし、やっぱり準備しておかないといけないですよね……。

教育費は一度に全額を払うわけじゃないから、どうにかなります！ 安心して。後でちゃんと計算しましょう。

はい！

それから、直接教育費の助けになるわけじゃないけど、子どもに対する支援はほかにもありますよ。

ぜひ教えてください！

図26　高等学校等就学支援金

市町村民税所得割額（保護者の合算）※	目安年収※	支給額（年額）	
		私立高等学校等	国・公立
0円（非課税）	250万円未満	29万7000円	11万8800円
5万1300円未満	350万円未満	23万7600円	
15万4500円未満	590万円未満	17万8200円	
30万4200円未満	910万円未満	11万8800円	

※受給資格の確認は、年収ではなく、「市町村民税所得割額」で行われる
※「市町村民税所得割額」とは、住民税の税額のひとつで、所得に応じて課税される
※上記年収はサラリーマン世帯の目安（両親の一方が働き、高校生1人、中学生1人の家庭の場合）。年収目安は家庭の状況（家族構成、サラリーマンか自営業か等）で大きく異なる場合がある

●定時制、通信制の場合、支給額が異なる
●文部科学省「高等学校等就学支援金リーフレット」をもとに作成

子どもって熱を出したり、病気にかかりやすいですよね。多くの自治体で、**子どもの医療費を助成**しています。

それは助かりますね。どんな支援なんですか？

健康保険に加入している子どもが、医療機関を受診した場合の自己負担分が対象です。自治体が発行する「乳幼児医療証（名称は自治体により多少異なる）」を提示すると、自己負担分の支払いが不要になったり、後日戻ってきたりします。中学卒業までという自治体が多いようだけど、高校卒業までというところもあります。

医療費がかからないってことですか？

自治体ごとに対象年齢が異なっていたり、一部は負担しなければいけなかったりしますけどね。親がこうした制度を知らず、貧困家庭で子どもがひどい虫歯

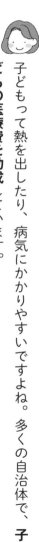

になっても放って置かれてしまうといったようなニュースもありますね。知っていれば受けられる支援はいっぱいあるから、ちゃんと調べてほしい。

本当にそうですね……。

ポイント

◎教育費は進路によって大きく異なる。安ければ１０００万円以下、高ければ３０００万円以上

◎０歳から中学生までは児童手当が合計２１０万円もらえる。高校生は高等学校等修学支援金がもらえる。

◎子どもの医療費は実質無料。そうした支援も知っておこう

子どもをどちらの扶養にするか

それから、これはあまり知らない人も多いんだけど、共働きの場合は**子どもの扶養を両親のどちらにするか**も注意が必要です。

どちらかで違いがあるんですか？　税金が変わるとか？

税金面に関しては、原則どちらにしても違いはありません。社会保険（健康保険）上は収入が高いほうにつけます。夫も妻も同じくらいの収入なら、どちらでも構いません。ここで考えなければいけないのは、扶養をつける人の健康保険が、**「協会けんぽ（全国健康保険協会）」なのか、「健康保険組合」なのか**です。

？

会社員が入る健康保険は、協会けんぽか健康保険組合です。協会けんぽは全国健康保険協会という団体が運営していて、主に中小企業で働く人が加入しています。一方、健康保険組合は主として大企業が自分たちで組合を設立するものです。基本的な制度は変わらないけど、法定給付とは別の付加給付や、いろいろなおまけがついていたりします。

付加給付？

第2章で高額療養費制度の説明をしましたね。医療費の合計が自己負担額の上限を超えた場合、超えた分が戻ってくる。

はい。僕の場合自己負担額の上限は5万7600円でした。

健保組合はそうした法定給付とは別に付加給付があって、自己負担額が低くなるんです。中には月当たり2万円というところもあります。

ええ！　かなり違いますね……。

ほかにも提携した保養施設やレストランの割引といった、それぞれの組合独自のサービスがあります。それらの中には子どもも対象になるものがあるので、**健康保険組合に入っているほうの親の扶養につけたほうがいい**んです。

もし、2人共健康保険組合に入っているなら、それぞれの特典を比べて判断

図27　共働き夫婦の子ども、どっちの扶養にするのがいい？

所得税	どちらでも同じ
住民税	どちらでも同じ※
健康保険	通常は見込み収入が高いほうに付ける。収入が同じくらいなら付加給付などをチェック
家族手当	会社の規定による

※所得と扶養親族によっては非課税限度額あり

●子どもが16歳未満の場合

しましょう。

僕と彼女の保険はどっちかな……。帰ったら調べてみます。

そうね。それから、妻のほうが年収が高い場合は、通常妻に子どもの扶養をつけますが、育休を取ったりして一時的に収入が下がる時期がありますよね。社会保険は申告時から1年間の見込み収入で判断されますから、仕事に復帰するまでは夫の扶養家族にできる可能性があります。

そこでどんな違いがあるんですか？

扶養家族がいると「家族手当」がもらえる会社があります。会社によって条件が違っていて、「税法上の扶養家族」がいる場合だったり、「健康保険上の被扶養者」がいる場合だったり、あるいは世帯主に支給するという会社もあります。それに、妻が子どもを扶養家族として家族手当をもらっている場合、産休や育

休で給与の支払いがなくなると家族手当を支給しないところもありますから、注意が必要ですね。

なるほど。もらえるものは全部もらってやります！

……。

ポイント

◎子どもの扶養は収入が高いほうにつける。同じくらいの収入の場合は健康保険組合か協会けんぽかを考えよう

◎妻に扶養をつけている場合、産休や育休時は夫の扶養家族にできることもあるから要チェック

死亡保険は教育費などを補うためのものと考える

そうだ先生。子どもができたら生命保険に入らないといけないんですよね？　第2章では僕が死んでも困る人はいないって言われたけど、子どもは困りますよね？　ね!?

……そうね。まず、繰り返しになるけど、私は基本的に民間の保険に入る必要はないと考えています。それだけ社会保険の支援が手厚いからです。例外は、子どもがいる人の死亡保険、住宅の火災保険、車を持っている人は自動車保険。

そうですね。先生のお話を聞いて僕もそう思います。

死亡保険のことを考える前に、公的年金制度から給付される遺族年金を把握しておきましょう。公的年金からは老後に受け取る年金だけではなく、第2章で紹介したように、障害者になったときは障害年金、亡くなった場合は遺族に遺族年金が給付されます。

どれくらいもらえるものなんですか？

子どもがいる配偶者、あるいはその子どもがもらえるのが遺族基礎年金です。加入期間にかかわらず、老齢基礎年金の満額に子どもの人数に応じた加算があります（図28）。

子ども1人なら月当たり8万円ちょっとか。

亡くなった本人が会社員なら、これに遺族厚生年金も上乗せされます。正式な計算方法はかなり複雑なので省くけど、あなたがなくなった場合は年額で約30

図28　遺族基礎年金の年金額（2017年度）

配偶者に支給される場合の遺族基礎年金の額

	基本額	加算額	合計
子どもが１人のとき	77万9300円	22万4300円	100万3600円
子どもが２人のとき		44万8600円	122万7900円
子どもが３人のとき		52万3400円	130万2700円

子どもに支給される場合の遺族基礎年金の額

	基本額	加算額	合計	１人当たり支給額
子どもが１人のとき	77万9300円	―	77万9300円	77万9300円
子どもが２人のとき		22万4300円	100万3600円	50万1800円
子どもが３人のとき		29万9100円	107万8400円	35万9500円

●子は18歳になる年の年度末まで。あるいは20歳未満で障害年金の障害等級１級または２級であることが条件

万８３００円。おおまかに言えば、亡くなった本人がもらうはずだった老齢厚生年金の４分の３です。自分がもらうはずの厚生年金は「ねんきんネット」などでシミュレーションできるので、調べてみましょう。こちらは子どもがいなくても受給できます。

これって、夫婦のどちらが亡くなってももらえるんですか？

そうです。ただし、**妻が亡くなって夫が遺族厚生年金をもらう場合は、夫が55歳以上でなければならない**という条件があります。しかも支給開始は60歳になってから。それに、中高齢寡婦加算といって、夫の死亡時に妻が40歳以上で子がいない、もしくは妻が40歳の時点で遺族基礎年金の支給対象となる子がいて、その後、子が18歳以上になって遺族基礎年金を受給できなくなった場合、65歳までの間年額58万４５００円支給されます。配偶者が亡くなったときの支援は、妻に対してのほうが手厚いということです。

なるほど……。

ここではあなたが亡くなった場合を考えますね。平均標準報酬額が25万円で35歳の夫が亡くなり、０歳の子どもがいて妻が85歳まで生きたとしたら、遺族基礎年金と合わせて約４０５０万円になります（図29）。

おお、すごい！

遺族基礎年金と遺族厚生年金をもらえば月々の生活費はある程度まかなえると思うけど、**子どもの教育費までは難しいでしょう。そこで、足りない分も**

図29　遺族年金支給額の例（2017年度）

妻35歳･子０歳のときに、会社員の夫（平均標準報酬額25万円）が亡くなった場合

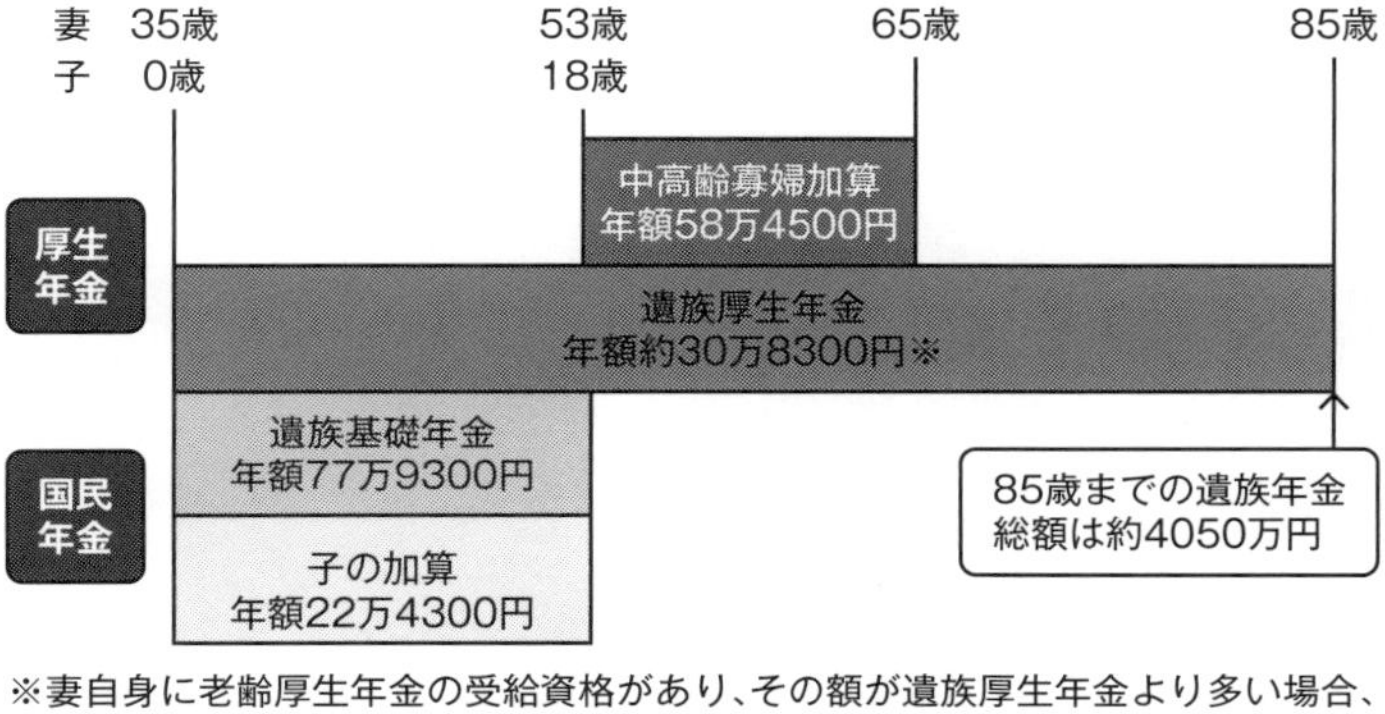

※妻自身に老齢厚生年金の受給資格があり、その額が遺族厚生年金より多い場合、65歳からは老齢厚生年金が支給される

ふまえて死亡保険で補うと考えてください。

教育費を払えるくらいの保険を選べばいいわけですね。

そう。それではここで問題。死亡保険は夫と妻、どっちにたくさん掛けたほうがいい？

え？　それはやっぱり夫ですよね？

違います。

……。

いま説明したばかりなんだけど、妻が亡くなった場合、遺族厚生年金は妻の死亡当時55歳以上の夫にしか支給されません。2人で生活費を折半しているなら、

妻が亡くなると生活が苦しくなります。これに対して夫が亡くなった場合、妻は年収が８５０万円未満であれば、何歳でも遺族厚生年金がもらえます。よほど高給でなければ確実に遺族厚生年金がもらえるわけです。

そうか。それは知っておいたほうがいいですね。

遺族年金でもらえるお金と貯金を計算して、教育費が必要な期間だけ死亡保険に入って万一に備えればいいわけです。

分かりました。いまの内に調べておきます！

ポイント

◎配偶者が亡くなれば、遺族基礎年金と遺族厚生年金が支給される。ただし条件があるから注意。それだけでは足りない部分を死亡保険で補うと考えよう

◎妻が亡くなった当時、遺族厚生年金は夫が55歳以上でないともらえない。死亡保険は妻のほうにたくさん掛けよう

子どもの育て方

　子どもの教育の話になると、多くの親御さんが、なるべくいい大学に通わせなければいけないと考えるようです。そのために進学に有利な私立の小学校や中学校、高校に通わせる。偏差値の高い大学に行くことが無理でも、大学くらいは卒業しておかなければと、入りやすい反面、授業料や入学金の高い大学に通わせる。そうしてお金の面で苦労される場合が多いようです。

　確かに現在でも、企業に就職する場合は、高卒より大卒、それも高学歴のほうが有利なのが現実のようです。しかし私は、本人が行きたいと言わないのであれば、無理をする必要はないと思います。嫌なことを4年間もするのは時間がもったいないし、社会人になってからでも大学に行くことはできます。

「将来必要になるから」と小さな頃から英語やプログラミングを習わせる人もいますが、目的もなく勉強しても仕方がないのではないでしょうか。それよりは、子どもの頃からいろいろなことを経験させてあげて、好きなことを追い求める力を身につけさせてあげることのほうが大事だと思います。

例えば子どもがテニスに熱中していれば、親は「どうせプロにはなれないし、将来の役には立たないんだから勉強してくれないかな……」と思ってしまいがちです。難しいことですが、そこで黙って見守ることができればいいなと思います。

好きなことであれば、人は熱中して学んでいくことができますし、結果的にその分野での実力もついてきます。テニスのプロにはなれなくても、テニススクールの経営者になるかもしれないし、コーチになるかもしれない。自分の好きなことをとことん追い求めていくことができれば、お金は後からついてくるのだと思います。

読者のみなさんが、これから子どもを育てようとするなら尚更です。すでに、1つの企業に定年退職まで勤めて、だんだんと給料が上がってくる時代ではありません。人生全体を考えたとき、特に目的もなく大学を卒業して入れる企業に就職するよりも、好きなことで稼ぐ道を見つけたほうがはるかに安心です。

親の責任として、高校生になるくらいまでに子どもの人格や考え方を整えることができれば、あとは自由にさせてあげればいいのだと思います。他人に迷惑さえ掛けなければ大丈夫、というくらいに柔軟に考えたほうがいいのかもしれません。

先生、僕、子どもを育てることに前向きになれました
まぁ、それはよかったわね
子どもは、かわいいわよ
早速、教育費の計算をお願いします！
やる気！
いくら必要なんですか？
まぁまぁ
そう焦らず…
今度は、お金を増やすことを考えてみましょう
増やす？
ズバリ、投資です
投資なんてギャンブルじゃないですかぁ！
最後まで聞きなさい！
安全に運用できるものがあります

第4章

長期的な視点でコツコツお金を増やそう
～投資編～

長期で考えれば投資は怖くない

先生、早く教育費を払っていく計算をしてください！

まあ、ちょっと待って。教育費を払うことができても、その後には、夫婦２人の老後が待っています。子どもはしっかり大学まで行かせることができたけど、気づいたら貯金なしで定年、なんてなったら大変でしょう。

はい……。それも聞こうと思っていました……。

老後資金も含めて、これからの全体を考えないといけません。後で60歳までのキャッシュフロー表を作ってシミュレーションしてみましょう。その前に、お金を増やす方法を知っておいてほしいのです。

増やし方って言ったって、頑張って働いて貯金していくしかないですよね……。

もちろんコツコツと貯金していくことは必須です。特に教育費は子どもが生まれた時点で必要になる時期が決まりますから、そこに向けて貯めていく。ただ、**貯金だけで老後資金までまかなおうと考えるのは、かなり心許《もと》ない**ですね。

どうしてですか？

例えば貯金が１００万円あったとします。貯金は元本《がんぽん》割れすることはありません。でも、老後までの長い間に**物価が上昇していくリスク**があります。

リスク？　お金が減るってことですか？

それまで１００万円で買えていたものが、物価が上昇して、２年後に１２０万円になったとしましょう。手元にある１００万円では買えなくなっちゃいますね。そのように、物価が上昇していくことを「インフレ」といいます。１００万円という通帳にある数字は変わらないけど、使うときのお金の価値は下がることになるわけです。その上、預金の利息だって微々たるもの。

そうか……。

資産運用には必ずメリットとデメリットがあります。貯金のデメリットはインフレに弱いことですね。

じゃあ、どうすればいいんですか……。

インフレになったときの対応として、考えるのは投資です。

ああ、やっぱりそうなるんだ……。投資ってギャンブルですよね？　僕みたいな稼ぎの少ないヤツはイチかバチかの賭けに勝たなきゃ無理なんだ……。

ちょっと待って……。すぐネガティブになりますね……。「投資」というとギャンブルだと思う人もいるけど、それは「投機」です。**投資と投機は違います。**投機は機会を投げると書きます。価格変動を利用して、そこにチャンスを見つけて、短期間で売買して儲けようという種類のものです。

はあ……。

これに対してコツコツと、長い目でお金を育てていくのが投資です。投資であっても、もちろん短期では増えることも減ることもあるけど、長期で考えれば、企業や経済の成長にともなって、少しずつお金を増やしていける可能性があります。

投資って資産家みたいなお金持ちがやることじゃないんですか？

逆です。資産家の人は投資しなくてもお金をたくさん持ってるから平気じゃないですか。インフレになって10億の資産が5億になっても大丈夫。**お金がないからこそ、小さなお金を長く運用する**んです。

本当に損しないんですか……？

投資で損する人は、一度に儲けようと欲張り過ぎるんです。目先の損得しか考えない。第1章でも言いましたけど、あなたにとって最大の強みは若いこと。つまり時間があるんです。少しずつ、**時間をかけて取り組んでいく。それがいちばん無難な方法**です。お金を増やすための投資とはそういうことです。

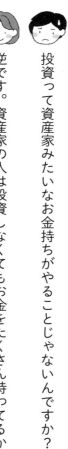

ポイント

◎貯金は元本保証だけど、利息は微々たるもの。インフレにも弱くて長期の資産運用には不安

◎投資と投機は違う。時間をかければ少しずつ増やしていくことができる！

株ってなんだ？　債券ってなんだ？

分かりました。やってみます。でも投資というとパソコンの前に座って株価の値動きを見てって感じですよね。本当にできるかな……。

それは短期の売買で稼ごうとするデイトレードですね。素人ができるものではありませんし、リスクも大きい。儲かるときもあるけど、損して大変なことになるケースも。

じゃあどんな種類の投資をすればいいんですかね。

その説明の前に、投資先について。まずは**株式投資と債券があって、それぞれに日本のものと、外国のものがあります。とりあえずこれだけ覚えておく。**投資先はほかにもいろいろあるけど、後々興味がでてきたら調べればいいから。

株式投資は、会社の株を買って、その会社の業績が上がれば儲かる、下がれば損するってやつですよね。

株はその会社に出資することです。会社が儲かったら株主には配当金が支払われます。買った株をお金に戻したいときは、時価（株価）で売ります。株価はその株を買いたい人と売りたい人の需要と供給で決まります。つまり安く買って高く売れば儲かるわけです。逆に買った後に株価が下がれば損をする。

株は値動きが大きいっていいますよね。

そう、だから**複数の銘柄に分散投資するのが鉄則**です。１つの会社の株だけで

はなくて、複数の株を持つ。どこかの会社の業績が下がってそこの株価が下がっても、ほかの株が上がればトータルでは損しません。

いろいろな会社の株を買うって、そんなにお金が……。

大丈夫。少ないお金でそれができる方法を後で説明してあげるから。ここでは分散が必要だということが分かっていればOK。

はい、分かりました。

次に債券です。

株は何となく理解できるけど、債券はよく分かりません……。

そういう人は多いでしょうね。債券とは、いわば借用証書です。**債券を買うと**

いうことは、債券を発行しているところにお金を貸すということ。国、地方公共団体、会社などが、多数の投資家からお金を借りたいときに発行するのが債券ですね。国が発行する債券が国債、株式会社が発行する債券が社債です。

じゃあ、国債を買えば国に、社債を買えば、その会社にお金を貸すことになるんですね。ちゃんと返ってきますか？

債券は満期までの期間が決まっています。例えば5年とか、10年とか。その期間、発行する国や企業に何事もなければ満期にお金が返ってきますし、途中で利息ももらえます。もし満期になる前に手放したいときは売ることができます。それから、割引債といって、例えば１００円の債券が発行時点に90円で買えて、満期になったら１００円で償還されるといったように、債券の金額が割り引かれて発行されるものもあります。

なんだか、全然危なくないように聞こえます。

ただし、債券の価格も変動しますから、価格が下がっていると損をするかもしれない。それに発行する会社の経営状況がよくないと、利息がもらえなかったり、最悪、貸したお金が戻ってこなかったりします。

それ、困りますよ！

だから、ここでも分散が大事なんです。できれば、**複数の債券、複数の株式、さらに、日本だけではなく海外の債券や株式にも分散**したい。

なんで海外にも分散するんですか？

お金は地球上のどこかにあるからです。日本のお金に価値がないときも、ほかの国のお金には価値がある。世界経済自体は成長を続けています。地球丸ごとの全体に分散すれば、成長している市場にお金を置いていることになりますね。

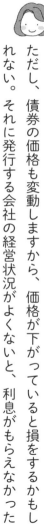

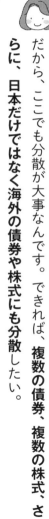

なるほど。確かにそう考えればリスクは低いかも……。

ポイント

◎株は企業に投資すること。債券は国や企業などにお金を貸すこと

◎株や債券には値動きがある。いろいろな投資先に分散することが大事

初心者におススメのインデックス型投資信託

それで、さっきも言ったけど、お金のない人がそんなにいろいろ分散して投資できないですよね。そこでインデックス型の投資信託から始めるのがおすすめです。

なんですか？　それ。

投資信託は、不特定多数の人が少しずつお金を出し合って、1つの塊（ファンド）を作り、そのまとまったお金を株式や債券などに分散投資して、利益を目指すものです。投資先を自分で決めようとしてもどれを買えばいいか選ぶのが

大変だし、特に初心者は迷ってしまいますよね。**投資信託は専門家がいろいろな投資先を１つのパッケージにして運用してくれる**ので、難しいことはお任せできます。**少額から買うことができる**のがいいですね。中には１００円から買えるところもあります。

それなら気軽に始められますね。ただ、自分のお金を他人に任せるのはちょっと不安……。

それぞれの商品ごとにどんな運用をするかの方針が示されていますから、それをしっかり確認しましょう。少額で

図30　投資信託とは

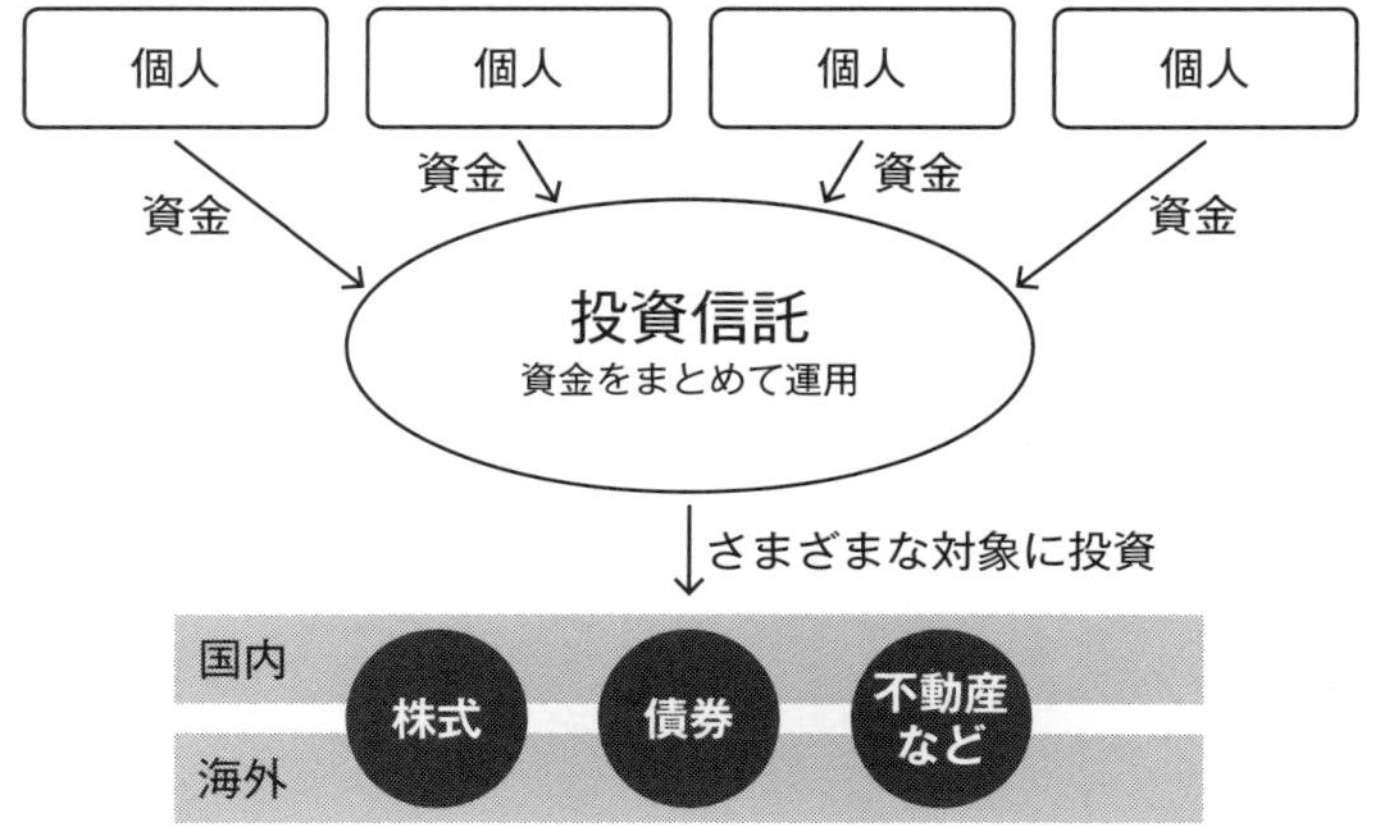

広い範囲に分散投資できる商品がいいですね。その中でも**「インデックス型」というのは目標（ベンチマーク）にしている指数に連動する**ように運用されているのでおススメです。

指数？

よくテレビのニュースで、「今日のＴＯＰＩＸ（東証株価指数）は○○○○で、昨日より○○上がりました」とか、「ニューヨーク市場は……」って伝えられていますよね？

ああ、あまり興味がなかったけど、確かによく聞きますね。

あれが指数です。例えばＴＯＰＩＸに連動する投資信託なら、ＴＯＰＩＸと似たような値動きをするということです。**指数というのは、モノサシみたいなもの**ですね。

うーん……。よく分からないけど、とにかく指数というものがあって、その動きに連動するように運用してくれるのが、インデックス型の投資信託。

そうそう。まずはそれくらいの理解で十分。

インデックス型じゃない投資信託もあるんですか？

投資信託には、インデックス型とアクティブ型の２種類の運用方法があります。インデックス運用が市場全体の平均的な成長に連動することを目指すのに対して、アクティブ運用は市場の平均プラスアルファのリターンを目指しています。

それなら、アクティブ型のほうがいいじゃないですか！

アクティブ運用の運用成績が、常にインデックス運用を上回る保証はありません。反対にインデックス運用の成績を下回ることもあります。

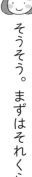

やっぱりそんなにうまい話はないんですね……。でもインデックス型だったら本当に儲かるんですか？

短期間でみれば、上がったり下がったりして、損をすることもあります。でも**長期で持つことで値動きが平準化されて、お金が増える可能性は高い**。ポイントは、インデックス型の中でも国内外のいろいろな資産に分散されたバランス型を選ぶことです。このグラフ（図31）は、日本の株式と債券、海外の株式と債券という4つの投資先に、お金を4等分して投資した場合の10年間の値動きです。

本当だ。元本割れしていないんですね。

大儲けしようとするのではなく、長期でお金を増やしていくと考えればいいんです。

図31　分散投資をすればリスクは少ない

４資産分散ポートフォリオの長期投資の効果〈10年保有〉

100万円を国内株式、国内債券、外国株式、外国債券の４資産に25％ずつ投資し、10年間保有した場合の運用成果。100万円の投資元本を割り込んだことはなかった。大きな利益や損失が出ている年があるが、長期的に見ると利益と損失が相殺され、投資期間全体では収益が積み上がっている。

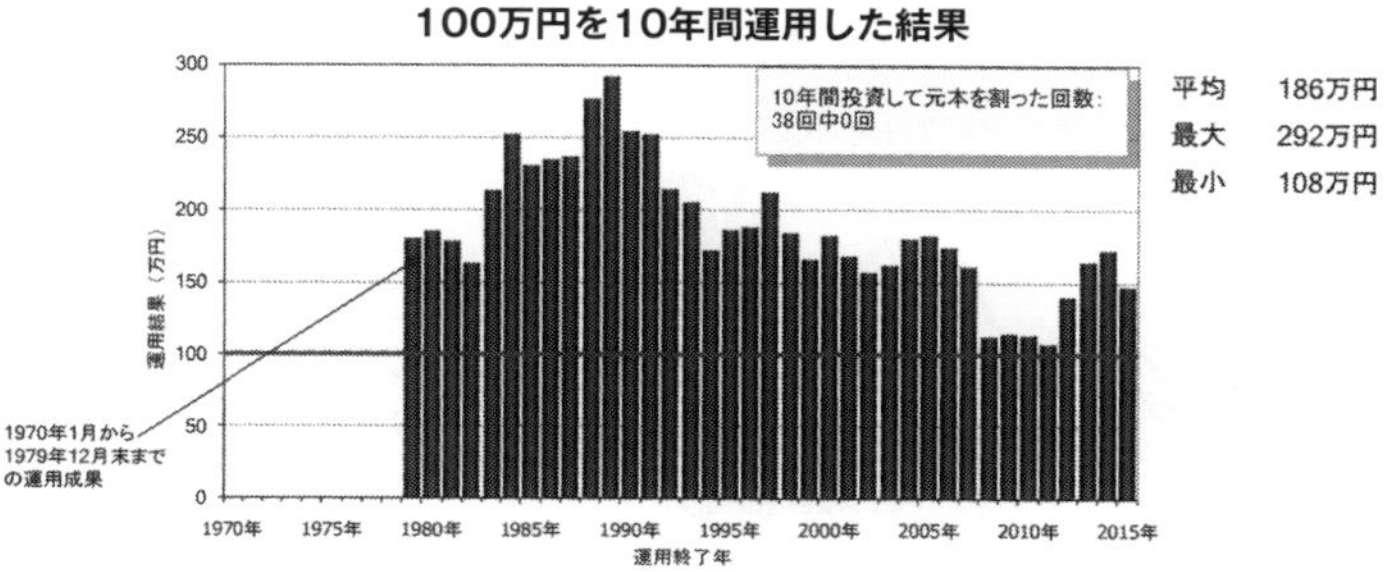

※投資比率は毎月末にリバランス

〈出所〉国内株式：東証一部時価総額加重平均収益率　外国株式：MSCIコクサイ（グロス、円ベース）　国内債券：野村BP総合　外国債券：1984年12月以前はイボットソン・アソシエイツ・ジャパン外国債券ポートフォリオ（円ベース）、1985年1月以降はシティ世界国際（除く日本、円ベース）
4資産分散ポートフォリオ：国内株式、外国株式、国内債券、外国債券の4資産に25％ずつ投資したポートフォリオ、毎月末リバランス

●本資料は情報提供を目的としており、いかなる投資の推奨・勧誘を行うものではありません。過去のパフォーマンスは将来のリターンを保証するものではありません。
●本資料はイボットソン・アソシエイツ・ジャパン株式会社の著作物です。イボットソン・アソシエイツ・ジャパン株式会社の承諾なしの利用、複製等は損害賠償、著作権法の罰則の対象となります。

それで、実際いくらくらい儲かるんですか？

過去のデータから推測すると、**10年で１３０％くらいは見込める**かしら。

じゃあ１００万円が１３０万円になるじゃないですか！　貯金全部使ってすぐやりましょう！

待って待って。これは10年間積み立てをした結果です。一度に買っちゃダメ。

だって時間をかけたほうが儲かるわけですよね？　ちょっとずつ買うより最初になるべくたくさん買ったほうがいいんじゃないですか？

ちょうど値上がりしているタイミングに買っちゃうと損するでしょ？

ああ、そうか……。

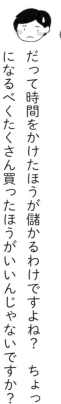

上がりそう、下がりそうって相場を見ながら、その動きをアテにする投資法を「タイミング投資」っていいます。ほとんどうまくいかないですね。**おススメなのは「ドルコスト平均法」といって、毎月一定額で買っていく方法**です。その時々の価格で買うことで、平均買い付け単価を下げることができるから。

平均買い付け単価？

例えば毎月1万円ずつ買い付けていくとすると、ある月は5000円の商品を2つ買うことができるけど、翌月にその商品が1万円に値上がりしたら1つしか買えませんよね。逆に2000円に下がったとしたら5つ買うことができる。その結果平均単価が安くなる。

なるほど。

毎月積立貯金するように、投資信託を買っていくんです。ただ、第2章でも話

したように、何かあったときのために最低限必要な貯金は残しておかないといけません。**手元に１人当たり１００万円の貯金があるという前提**で、毎月の貯蓄額の一部を積立投資に回しましょう。

とりあえずその額は貯まっています。僕らの場合、貯蓄目標が月８万円でしたよね。そこからいくらを投資に回せばいいですか？

割合としては半分くらいまでかな？　まだ若いし。ちょっと怖いようなら３万円くらいから始めてみるのはどうでしょう。毎月積立投資をして、３％運用利回りだとすると、25年後には１３３０万５０００円になる計算です。普通に貯金していれば９００万と利息分にしかなりません。

えっ！　そんなに大きくなるのか……。

コツコツ積立がいちばんですね。

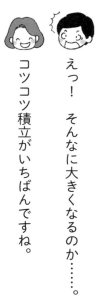

ポイント

◎バランス型の投資信託なら初心者でも安心。10年で30％くらいの成長を期待できる
◎一度に買うと高値掴みをする危険がある。積立投資でリスクを回避しよう
◎何かあったときのための貯金があることが投資の大前提。その上で毎月の貯蓄の半分くらいまでを投資に回そう

実際に投資を始めてみよう

先生、善は急げです！　早速投資を始めたいので具体的なやり方を教えてください！

ひと口にバランス型の投資信託と言ってもたくさんありますから、まず、どれにするかを決めなくてはいけません。そのときの**ポイントは、どんな投資先にどれくらいの割合で分散されているのかと、手数料**です。

分散されていればいいわけではないんですか？

さっきは日本の債券、日本の株式、外国の債券、外国の株式に4等分した場合の値動きを紹介しましたけど、REIT《リート》（不動産投資信託）が含まれるものもあったり、投資先や割合は投資信託ごとに違うんです。

どう選べばいいんですか？

お弁当に例えると、若いときは唐揚げとか、ハンバーグとか、こってりしたものをたくさん食べたいですよね。それが年を取るとあっさりしたもののほうがよくなります。投資先も同じで、こってりした値動きが激しいものが株式、あっさりした値動きが穏やかなものが債券です。若いうちは時間があって取り返しもつきやすいから、株式を多めにしてもいいけど、年齢が高くなれば債券を増やして運用をしてもいい。**自分の年齢や、どれくらいの値動きに耐えられそうかで投資先のバランスを決めましょう。**

僕は唐揚げ好きですけど、投資はあっさりがいいな……。

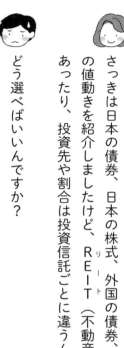

だったら債券を多めにして、日本と外国の割合も考えてみる。一般的に**株や債券は、国内よりも外国のほうが値動きが大きい**傾向があります。

そうなんですね。

それともう1つのポイントが手数料です。投資信託には運用管理費用（信託報酬）という手数料がかかります。各商品で異なるので、これを確認してなるべく安いものを選ぶ。運用管理費用は運用期間中に毎日かかるコストですから、影響大です。

どれくらいが目安ですか？

アクティブ型だったら1・5％程度、インデックス型だと0・2％から0・7％程度でしょうか。投資先にもよりますが、バランス型は1％未満のものが多くなっています。**積立投資している間ずっと払い続ける**わけだから、この差は大き

い。１％とすると、10年で10％、30年で30％になるわけです。

そうか……。それ以上の利益を得られるどうかって考えると、少しでも安いほうがいいのが分かりますね。

そう。運用管理費用のほかにも手数料があるから、それらも必ず確認しましょう（図32）。

どんな商品がいいかな……。

まず、条件としては１本の投資信託で投資対象が世界全体であることと、毎月積立ができること。これだと自分で投資比率を考えることもないですし、初心者には投資しやすいですね。難しいことは運用の専門家にお任せしておけばいいんです。そんなことよりも、自分に人的投資するほうがよっぽどいい。

図32　必ず手数料を確認しよう

手数料の種類	時期	支払い方法	費用の内容
購入時手数料	購入時	直接支払い	購入時に販売会社に支払う費用。申込価額の数%をその費用として支払う。ファンドや販売会社によってはこの費用がない場合もある(ノーロード)。
運用管理費用（信託報酬）	保有時	投資信託の信託財産から間接的に支払い	投資信託を保有している間、投資信託の保有額に応じて日々支払う費用。年率でいくら支払うのか、目論見書などに記載されている。
売買委託手数料	株式などの売買時	投資信託の信託財産から間接的に支払い	投資信託が投資する株式などを売買する際に発生する費用。発生の都度、間接的に徴収される。運用の結果発生する費用で、事前にいくらかかるのかは分からない。
信託財産留保額	換金時	直接支払い	投資信託を購入または解約する際、手数料とは別に徴収される費用。販売会社が受け取るのではなく信託財産に留保される。投資信託によって差し引かれるものと差し引かれないものがある。

そうですよね。あまり投資に時間を取られるのも嫌だし……。投資信託の商品ってどれくらいの数があるんですか？

6000本以上のファンドがありますね。

ええ！　そんなの全部比べてられない……。先生、せっかく説明してもらって申し訳ないんですけど、「これを買え！」ってやつを教えてもらえないでしょうか……。

……。まあ、おススメとしてはこの6つかな。

図33　井戸先生おススメの投資信託はこの6本！

ニッセイ・インデックスバランスファンド（4資産均等型）

運用会社　ニッセイアセットマネジメント

国内外4資産に均等に投資するオーソドックスな商品

基本的な分配比率

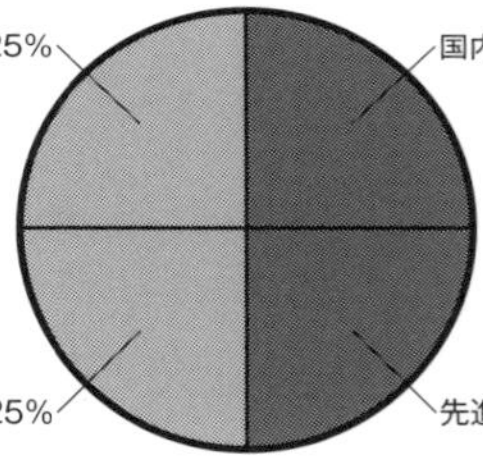

信託報酬
0.3672%
純資産総額
16.89億円
販売手数料（上限）
なし
基準価額
1万1114円
設定年月
2015年8月

セゾン・バンガード・グローバルバランスファンド

運用会社　セゾン投信

地域別の市場規模に応じて分散投資。株式と債券の比率は原則半々

基本的な分配比率　※2017年6月末時点

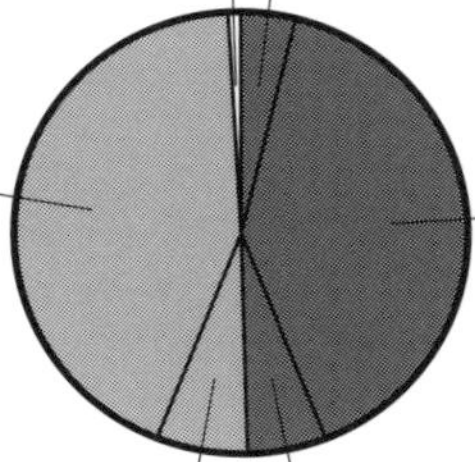

信託報酬
068±0.03%
純資産総額
1482.93億円
販売手数料（上限）
なし
基準価額
1万4287円
設定年月
2007年3月

※特に表記のない限り、各数値は2017年10月3日時点のもの

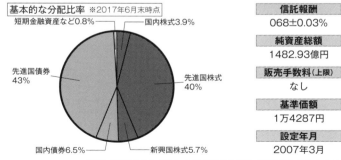

iFree 8資産バランス

運用会社　**大和証券投資信託委託**

国内･先進国･新興国の株式と債券、国内と先進国のREITに均等に投資

基本的な分配比率

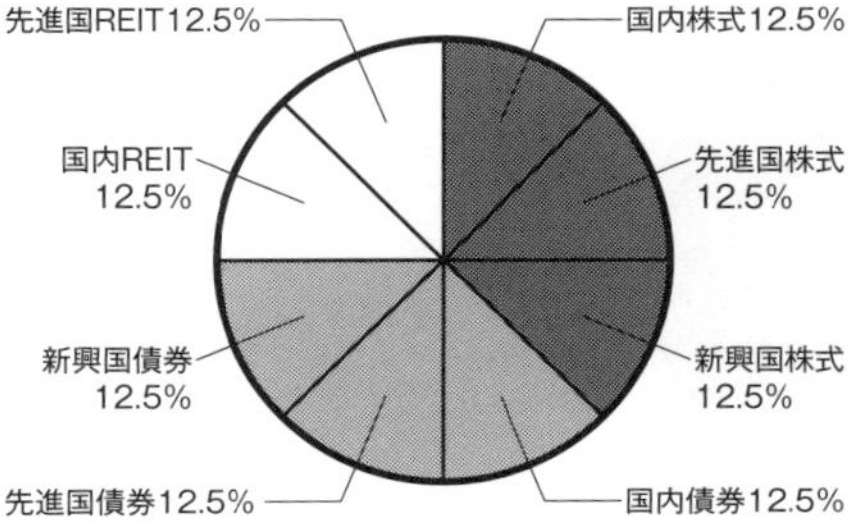

信託報酬
0.2376%

純資産総額
47.87億円

販売手数料（上限）
なし

基準価額
1万1433円

設定年月
2016年9月

たわらノーロード バランス（8資産均等型）

運用会社　**アセットマネジメントOne**

こちらも株式、債券、REITの８資産に均等に投資。比較的新しい商品

基本的な分配比率

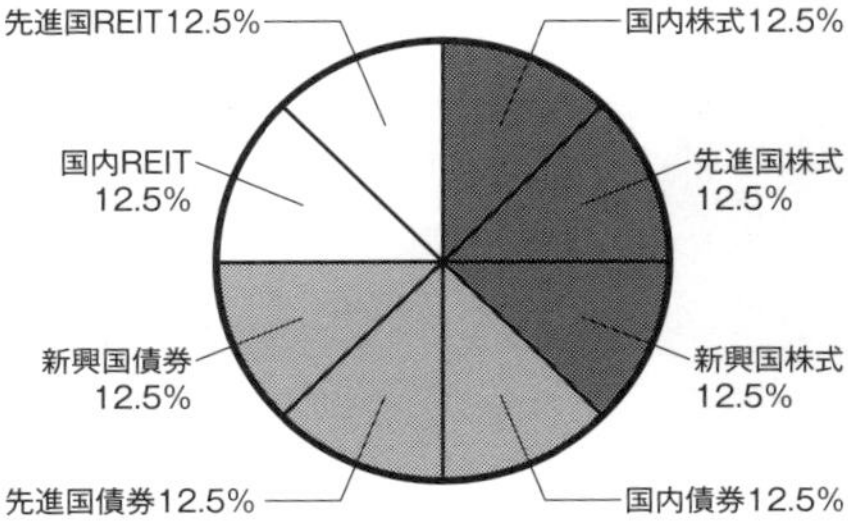

信託報酬
0.2376%

純資産総額
1.08億円

販売手数料（上限）
なし

基準価額
1万253円

設定年月
2017年7月

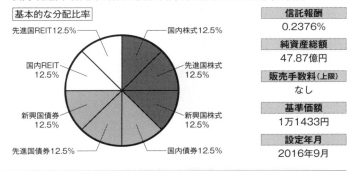

eMAXIS Slim バランス（8資産均等型）

運用会社 三菱UFJ国際投信

前ページの２商品と同じ分配比率、信託報酬。安いコストで広く分散投資できる

基本的な分配比率

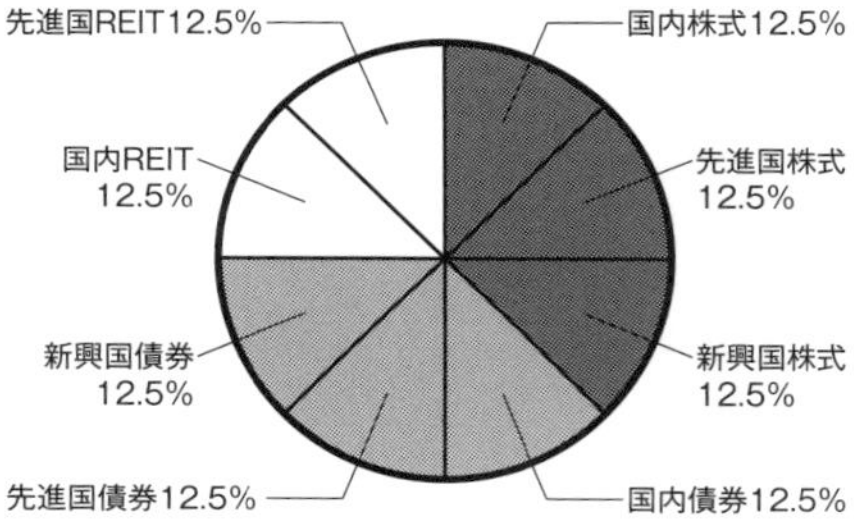

信託報酬	0.2376%
純資産総額	40.24億円
販売手数料（上限）	なし
基準価額	1万424円
設定年月	2017年5月

世界経済インデックスファンド

運用会社 三井住友トラスト・アセットマネジメント

新興国への投資割合が大きめ。ほかの５本に比べてハイリスク・ハイリターン

基本的な分配比率

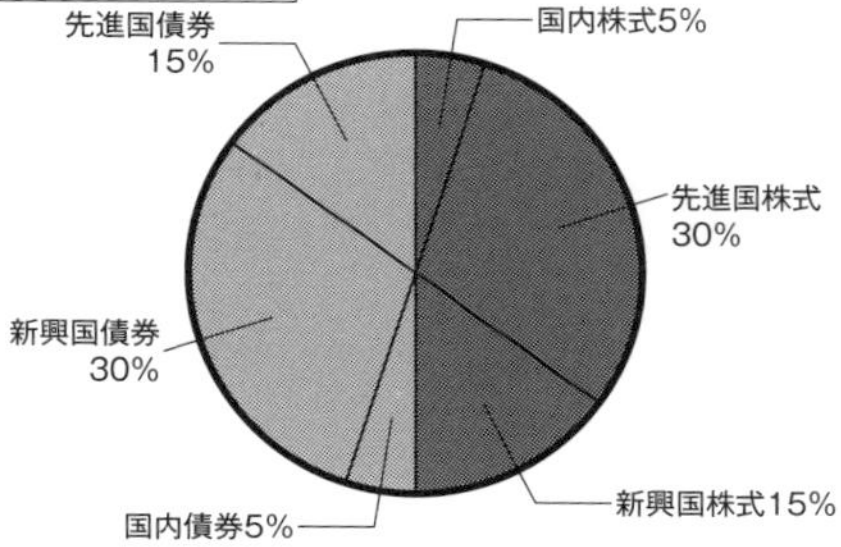

信託報酬	0.54%
純資産総額	551.69億円
販売手数料（上限）	3.24%
基準価額	2万2209円
設定年月	2009年1月

※特に表記のない限り、各数値は2017年10月3日時点のもの

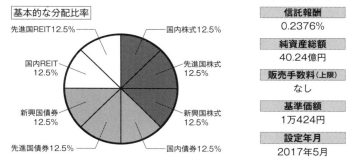

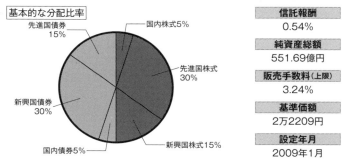

投資先もいろいろあるんですね。株、債券。ＲＥＩＴっていうのは不動産投資信託でしたね。海外でも先進国と新興国で分かれているのはなぜですか？

経済状況が安定している先進国よりも、新興国のほうが値動きは大きくなります。

なんか難しいな……。僕はなるべくシンプルなものにします。

どれにするか決めたら、それを取り扱っている証券会社を探してください。

証券会社？

それぞれの商品は運用会社が作っています。さっきの例で言えば、ニッセイアセットマネジメントとか、三菱ＵＦＪ国際投信とか。中にはセゾン投信のように直販するところもあります。

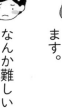

どの証券会社で買えばいいんですか？

まず、自分が欲しい商品がどこで売っているかを探す。それぞれの商品のホームページなどで調べることができます。投資情報を提供している「イボットソン」や「モーニングスター」のサイトを見れば、それぞれの商品の比較もできます。どこにどう分散しているのか、手数料、積立で買えるかどうかも確認しておきましょう。

分かりました。早速やってみます。

気をつけてほしいのは、**自分が理解できない商品には手を出さない**こと。銀行で商品を買おうとすると、特定の商品をおススメされることがあります。**おススメするってことは、それだけの理由がある。**つまりお客さんじゃなくて自分たちが儲かるものを売ろうとすることもあるわけです。その意味でもネットで手続きできるもののほうがいいですね。

なるほど……。気をつけます。

ポイント

◎商品を選ぶときは手数料に注意！
◎債券より株、国内より海外、先進国より新興国のほうが値動きが大きい
◎自分の理解できない商品は買わない！

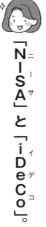

絶対に見逃せないおトクな制度

投資をする上で絶対に忘れてはいけない制度があります。

なんですか？

「NISA《ニーサ》」と「iDeCo《イデコ》」。

ああ、最近よく聞きますね。一体何なんですか？

まず、2014年1月から「NISA」という制度が始まっています。細かいところは後で説明するけど、いちばんのメリットは、この制度を利用することで**最長5年間、投資の利益が非課税になる**ことです。（図34）。

え？　普通に投資したら税金がかかるってことですか？

そう。あまり意識してない人もいるけど、株式投資や投資信託の配当金、値上がり益、それに預金の利息などからも、**20・315％の税金が引かれます。**例えば投資信託で１００円儲かったとしたら、通常は80円弱しか手に入らない。これがＮＩＳＡ口座なら１００円

図34　運用時に課税されない

毎月3万円を年3％のリターンで25年間積み立てた場合

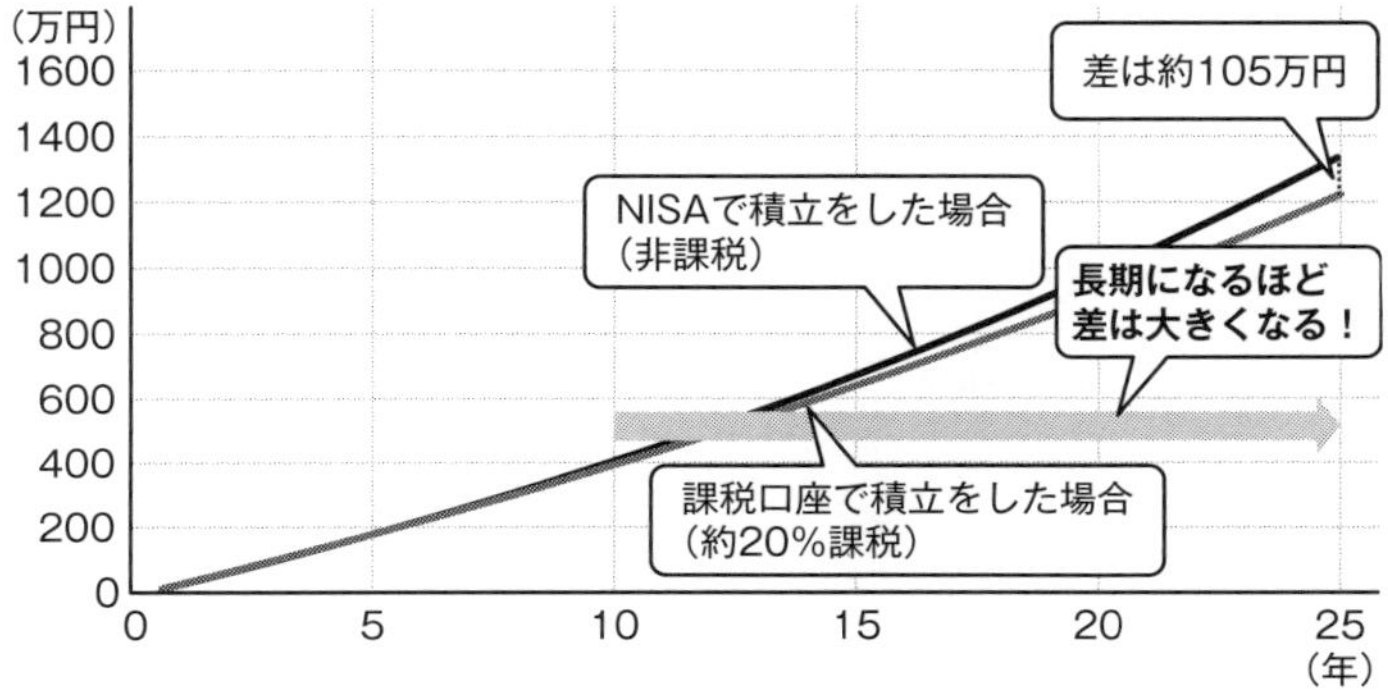

●手数料などは考慮していない

そのまま手に入ります。

けっこう大きいですね。

すごく大きい。確実にかかるコストですからね。さっきの例で、100万円が130万円に増えたとしても、6万円税金がかかるわけですから。

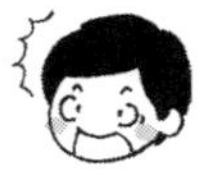

本当だ！　絶対に使わないと。僕も使えるんですか？

日本に住んでいる20歳以上の人が対象です。証券会社や銀行に口座を開設して、1年間に120万円までの投資元本に発生した値上がり益や配当金などが非課税になります。非課税期間は5年間までで、最大600万円。ただし、「ロールオーバー」といって、5年経った時点の残高のうち120万円までを、翌年以降最長5年間、さらに非課税で運用できます。その場合、6年目以降の非課税枠を、繰越の120万円で使うことになります。対象となる商品は、現物株式、

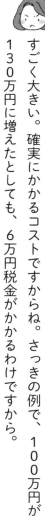

株式型投資信託などです。一括買いでも積立でもＯＫ。

それって途中でやめてもいいんですか？

大丈夫、**いつでも売却できます**。老後資金用でもいいし、もう少し短期の運用にも使えます。

何かあったときにここからお金を出すことができるから安心ですね。

そう。ＮＩＳＡは２０２７年までの限定制度で、口座開設は２０２３年末までです。そこは要注意。

そうか。でも5年間しか使えないんですね……。老後資金をつくっていくと考えると、20年、30年投資を続けたいんですけど……。

そこで知っていてほしいのが２０１８年1月から始まる「**つみたてＮＩＳＡ**」という制度です。非課税の点は現行のＮＩＳＡと同じだけど、こちらは一定の投資信託が対象で、積立に限定されます。限度額は１人年間40万円までで、期間は20年ですから、非課税枠は最大８００万円ですね。こちらもお金が必要になったら、いつでも売って引き出せます。

ＮＩＳＡとつみたてＮＩＳＡの両方使えるってことですか？

いや、ＮＩＳＡとつみたてＮＩＳＡは併用できません。このどちらを使うかは人それぞれに考え方の異なるところですが、あなたのようにこれから資産を作っていく**若い人たちは、つみたてＮＩＳＡがおススメ**です。

なんでですか？

ＮＩＳＡの限度額は年間１２０万円、均等に積立すると考えれば、毎月10万円

です。そんなに積立できないですよね。若い人たちにとっては、非課税枠が大きいことよりも、さっきお話ししたように（図34）、非課税期間が長いほうが有利です。

ああ、そうか。じゃあ、つみたてＮＩＳＡにします。35歳からはじめると55歳まで使えますね。

それで、さらにおトクな制度が「ｉＤｅＣｏ」です。

それもよく聞きます。何のことですか？

個人型確定拠出年金のこと。

先生、説明になってません……。

ああ、ごめんなさい。確定拠出年金っていうのは、ざっくり言うと企業や個人が毎月一定額の掛け金を拠出して運用する自分年金のこと。

自分年金っていうのは、国民年金や厚生年金とは別に自分で準備するってことですね？

そう。確定拠出年金には、会社が従業員のために企業年金の一種として導入する企業型と、自分の判断や選択で入れる個人型の２種類があって、個人型の確定拠出年金の愛称がｉＤｅＣｏなんです。

なるほど。

勤務先に企業型の確定拠出年金があるなら、それに入ることになります。企業型がない会社員や、公務員、自営業者、専業主婦などは、ｉＤｅＣｏを利用しましょう。これも証券会社や銀行などで口座を開設できます。

僕の場合はｉＤｅＣｏかな。なんでｉＤｅＣｏがおトクなんですか？

まず、ＮＩＳＡと同じように確定拠出年金で得た利益も非課税になります。さらに毎月の掛け金が所得控除になるから、**運用している間の所得税や住民税が安くなります。老後に受け取るときにも退職金や公的年金と同様の扱いで、税金が優遇されます。**（図35）

所得控除っていうのは第2章で説明してもらったものですね。それじゃあ、かなりおトクじゃないですか！

それと、**確定拠出年金では、投資信託だけではなく、定期預金や保険も利用できます**（図36）。

預金した金額も所得控除の対象になるということですか？

図35　iDeCoで老後資金を積み立てながら節税

iDeCoの掛金は全額所得控除

所得税や住民税は年収からいろいろな所得控除を引いた「課税所得」に税率を掛けて計算される

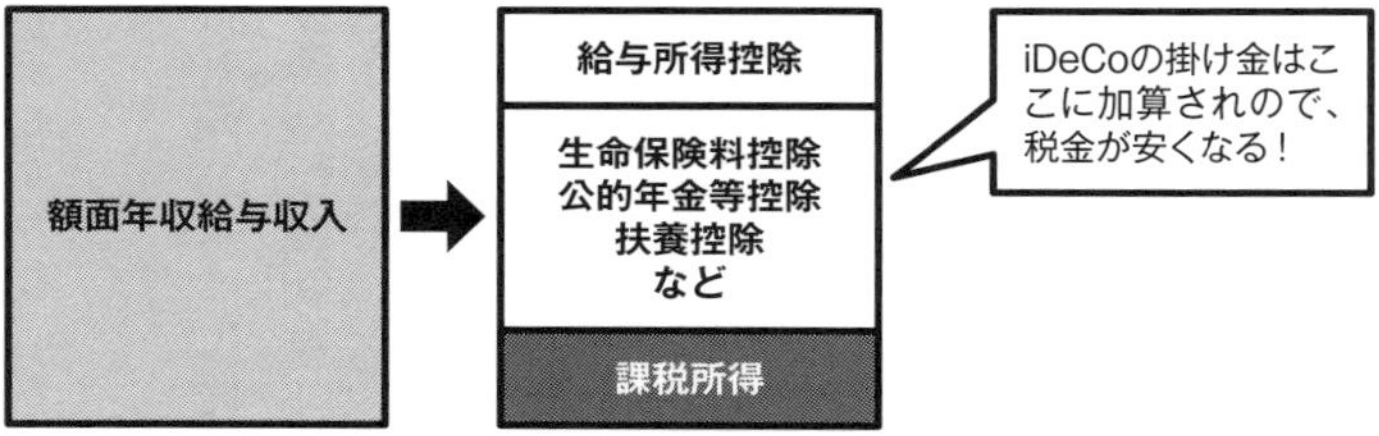

iDeCoの仕組みと３つの税制優遇

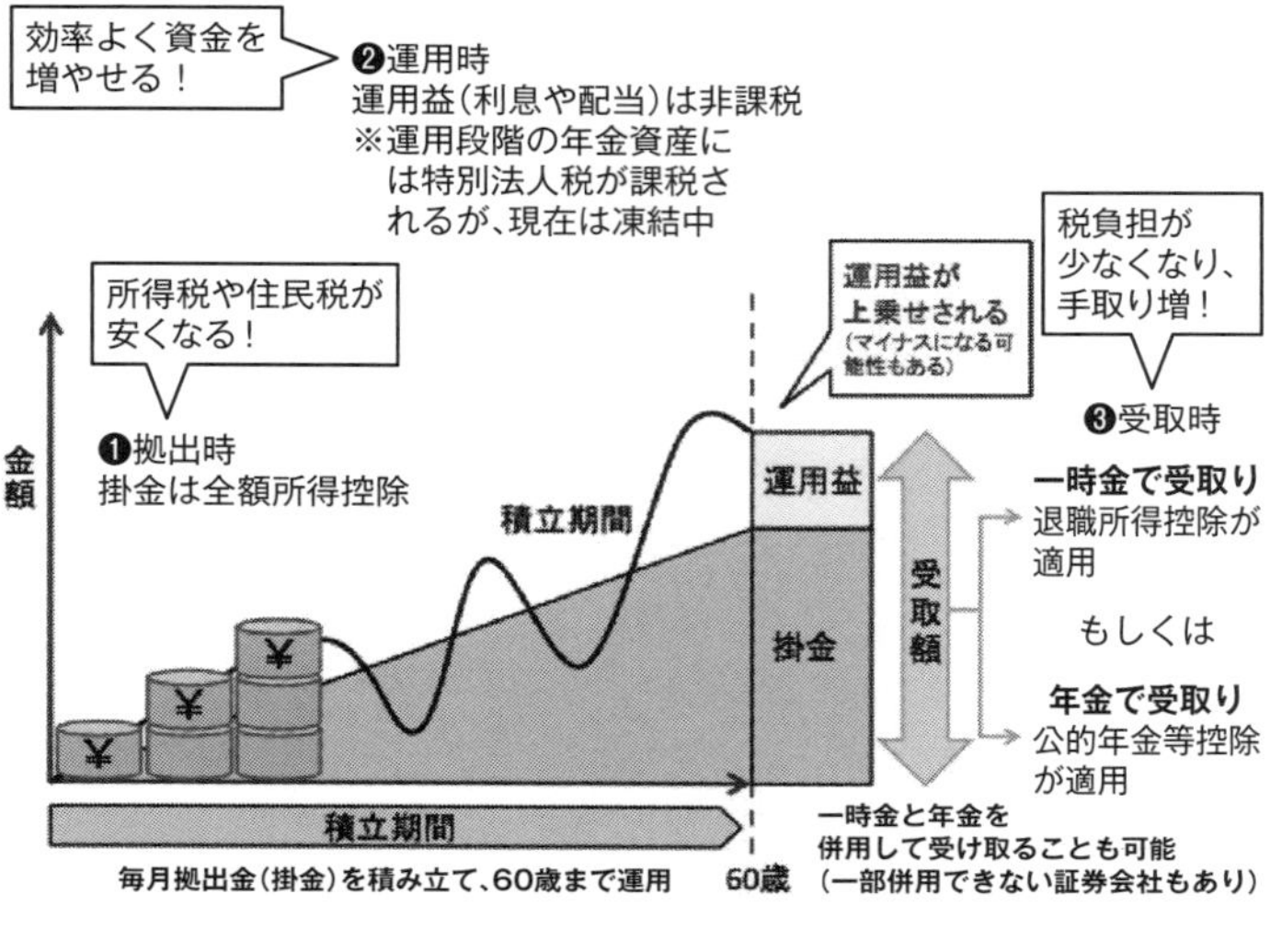

そう。

ええ！　投資を考えていない人も知っておくべきですね。

だから、**使わない手はない**の。

どうやればいいんですか？

iDeCoは、加入する人が自分で証券会社や銀行などの「運営管理機関」を選びます。そこで取り扱っている預貯金、保険、投資信託の中から選んで積立運用するんです。ここでも手数料も確認しましょう(図37)。iDeCo

図36　iDeCoで運用できる商品

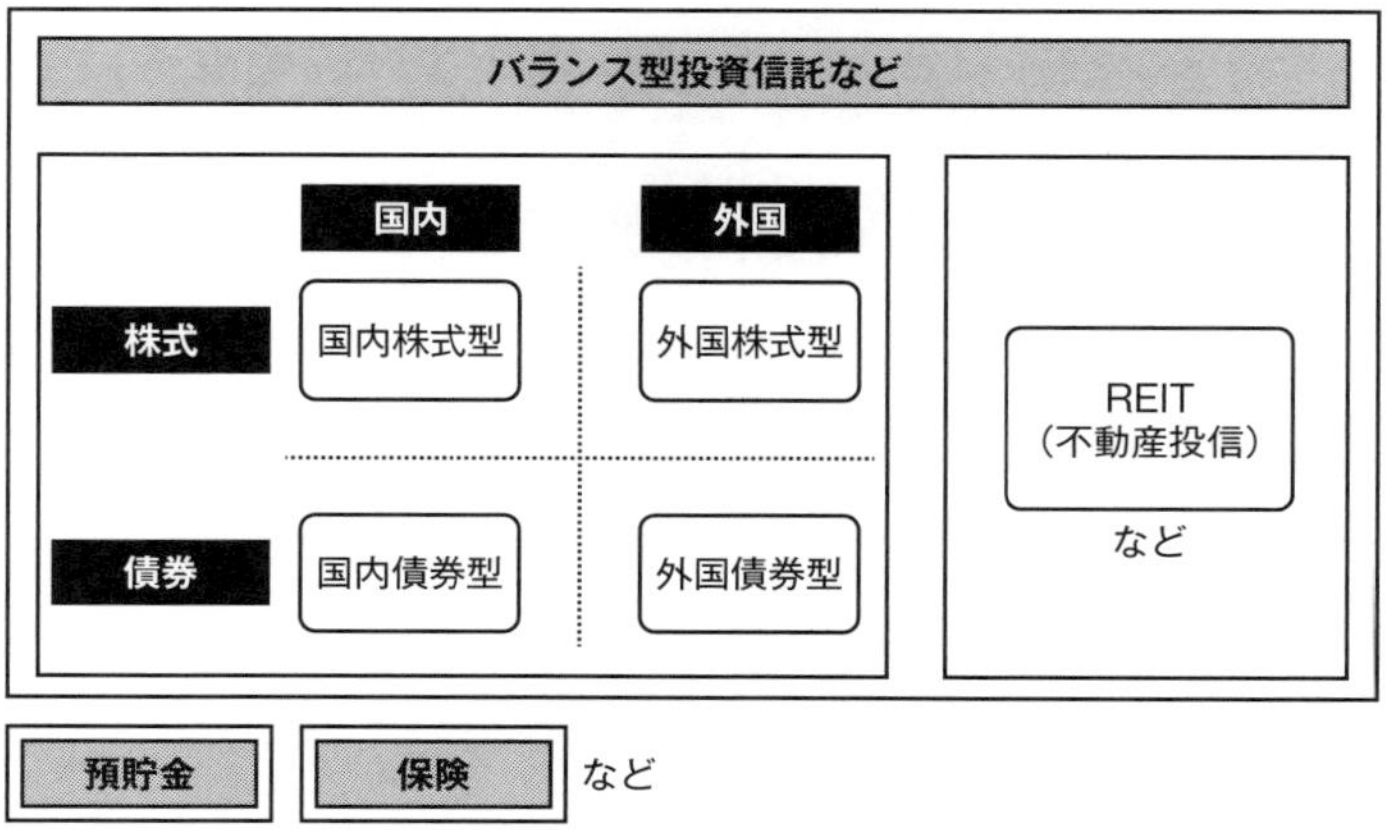

は運用期間中の手数料が運営管理機関によってかなり異なりますから。「モーニングスター」や「イデコナビ」で比較できます。

分かりました。つみたてNISAじゃなくて確定拠出年金を使ったほうがよさそうですね。

そうなんだけど、NISAやつみたてNISAはいつでも引き出せるのに対して、**確定拠出年金は原則60歳までは引き出せない**というところに注意が必要。

図37　iDeCoの手数料

	新規加入時	運用期間中			給付時
		収納手数料	事務委託手数料	口座管理料	
支払先	国民年金基金連合会	国民年金基金連合会	事務委託先金融機関（信託銀行）	運営管理金融機関	事務委託先金融機関（信託銀行）
金　額	2777円	月額103円	月額64円程度	月額無料～450円程度（運営機関により異なる）	432円（給付の都度）

●すべて税込

口座管理料に注意！

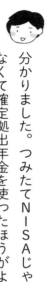

なんか不安……。

だからさっきも言った通り、何かあったときのために、預金と投資を別々に考える必要があるんです。**60歳まで引き出せないことをしっかり理解した上で、まずは確定拠出年金**を使いましょう。

老後資金としてだけで考えるなら、つみたてNISAは使わなくてもいいってことですか？

iDecoは、加入者によって月々の掛け金限度額が決まっています。自営

図38　確定拠出年金の掛け金上限（年額）

自営業者など			81万6000円
会社員	企業型DC：なし	企業年金：なし	27万6000円
	企業型DC：あり	企業年金：なし	24万円※
	企業型DC：あり	企業年金：あり	14万4000円※
	企業型DC：なし	企業年金：あり	14万4000円
公務員			14万4000円
専業主婦			27万6000円

●DC＝確定拠出年金
※企業型確定拠出年金の上限を引き下げることなどを規約で定めた場合に限り、iDeCoへ加入できる

業者は年間81万６０００円。公務員は14万４０００円。あなたのように企業年金のない会社員は27万６０００円です。月で考えれば２万３０００円ですね。だから、**まずはiDeCoの限度額いっぱいまで掛ける。その上で余裕があれば、NISAを組み合わせればいい**でしょう。iDeCoは老後資金専用、NISAは老後資金を見越しながら、もっと短い期間で準備したい資金、例えば教育費の準備に使ってもいいですね。

なるほど。じゃあ僕たちの投資額は３万円だから、２万３０００円をiDecoに掛けて、残りをつみたてNISAにすればいいんだ。

そうね。これから投資する金額が増えれば、それもつみたてNISAにすればいいですね。

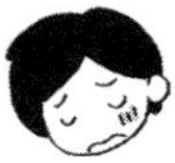

先生……。

なあに？

投資って本当に大事なんですね。先生が投資をしなさいって言い出したときは、やっぱりそれか！　お金のプロっていっても結局ギャンブルしろって言うんじゃないか、と思ってしまいました……。ごめんなさい……。

……。まあ、分かってくれればいいけど……。

図39　NISA・つみたてNISA・iDeCoの比較

		NISA	つみたてNISA	iDeCo
投資可能期間		2027年まで (口座開設は2023年まで)	2018年から 2037年まで	限定なし
税制優遇	拠出時	—	—	全額所得控除
	運用時	非課税（5年間）	非課税（20年間）	非課税
	受取時	—	—	公的年金等控除 退職所得控除
投資対象		上場株式、 投資信託など	投資信託 （一定の要件あり）	投資信託、預貯金、 保険商品など
加入資格・対象年齢		その年の1月1日時点で20歳以上の日本居住者	その年の1月1日時点で20歳以上の日本居住者	20～59歳(厚生年金加入者は20歳未満も可)の自営業、学生、会社員、公務員、専業主婦など
限度額(年額)		120万円	40万円	14万4000円から 81万6000円
途中引出		いつでも可	いつでも可	原則60歳まで不可
申込先		銀行、証券会社など	銀行、証券会社など	銀行、証券会社、保険会社など 国民年金基金連合会のホームページに掲載

ポイント

◎投資の収益にも通常は税金がかかるけど、ＮＩＳＡとｉＤｅＣｏでは非課税に。絶対に活用すべし

◎まずはｉＤｅＣｏをフルに使って、残りをＮＩＳＡに回そう

見えない通貨

お金は、空気のように生活の中に当たり前に存在するものです。

私たちは空気を見ることはできませんが、温度や湿度を通して感じます。暑ければ熱中症にならないように、寒ければ防寒対策をします。

「お金」も目に見えるものではありません。と言うと、おかしなことを言っているようですが、私たちが普段「お金」として扱っているものは、通貨と呼ばれている「貨幣」です。日本であれば日本円、アメリカでは米ドル、欧州ではユーロと、それぞれに異なります。「お金」とは目に見えない抽象的なものであり、それが貨幣というさまざまなかたちで現物として存在する。まずはこの違いをしっかりと理解しましょう。

お金には2つの役割があります。

1つは、交換（決済も含まれる）の働きです。モノとモノとの交換の間に使われることで、効率化を図ることができます。

もう1つは、価値の保全です。人は生活に必要以上な通貨を持つ必要はないので、保全された富として、通貨とは別の形で「お金」を持っておきたくなるわけです。例えば現金よりも価値を保全するのに有利な株式があれば、それを買います。そして、株式の価格は波のように変動します。ここでは「お金」ははっきりとした形を持たなくなります。

その意味でよく似ているのが、「為替市場《かわせ》」です。為替市場とは、例えば日本円と米ドルとの間の売り買いの価格が決まるところです。現在、1米ドルが約110円、1ユーロは135円（共に2017年9月現在）です。この価格も毎日変わります。

江戸時代の日本にも、金貨、銀貨、銭という3つの貨幣がありました。金貨と銀貨、銀貨と銭が交換され、その比率は市場で変動します。つまり日本には古くから為替があった。お金とは通貨の形態で変動するものだという認識が現実の社会にあったわけです。

これからのお金とのつき合い方で大切なことは、通貨と為替（市場）の関係を理解することです。なぜならば、いま話題の「仮想通貨」を理解する前提となるからです。

名前が知られている仮装通貨に「ビットコイン」があります。このビットコインも為替と同じように市場で取引されます。仮想通貨が価値保全の働きを持つようになれば、まさにサイバー上に存在する通貨そのものになるわけです。

世の中は、「見えない通貨」時代を迎えようとしているのかもしれません。

子どもの養育費は目処がついてきた
でも、それから老後を過ごしていくのにいくらくらいかかるのかなぁ？
けんさく
え！
老後に必要な金額は
5,000万以上
老後って、そんなに必要なの!?
僕は、干からびた老後を送るしかないんだ……
あら？
また、ネガティブになってますすね
大丈夫！
公的年金を信用しましょう。
そして、老後にいくらの資産が必要か計算してみましょう。
それに、1人で楽しめるものを見つけることも大事ですよ。
私は登山が好きです！

第5章

人生の締めくくりを楽しく過ごそう

～老後編～

「老後に5000万円必要」は本当か

先生、お金の育て方は分かりました。でも、本当に子どもを育てて老後の資金までまかなえるんでしょうか。1人5000万円必要だとかいいますよね。もう不安で不安で……。

本当に心配性なのね……。あのね、まず、**5000万円必要だというのは間違っていません。**

ほらやっぱり……。

最後まで聞いてね。５０００万円必要な人もいるけど、じゃあ誰もが５０００万円必要かというとそうではないってこと。２０００万円で足りる人もいれば、１億円必要な人もいる。**個人差が大きい**んです。

うーん……。僕の場合はいくら必要なんでしょうか……。

金額を記入すれば、必要な老後費用が計算できる式を作りました（図40）。

おお！

図40　必要な老後資産を計算しよう

現役時代の7割が目安

毎月の生活費［　］万円×12カ月＋余裕資金［　］万円＝年間の生活賃金［　］万円 ❶

❶［　］万円×23年（夫・60歳から平均余命までの年数）＝夫婦２人期の生活賃金［　］万円 ❷

妻が年上の場合はマイナス

❶［　］万円×70%×［　］（男女の平均寿命の差5年±夫婦の年の差）＝妻１人期の生活賃金［　］万円 ❸

❷［　］万円＋❸［　］万円＝老後の生活資金総額［　］万円

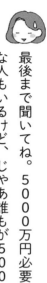

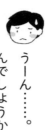

いちばん上の毎月の生活費は現役時代の7割が目安。これを12カ月分掛け算し、突発的な支出などのために1年間でこれくらいの余裕資金が欲しいという金額を加えてください。これが1年間に必要な資金（＝❶）になります。

老後の生活費は現役時代の7割？　足りますか？

1年間の生活費がいくらかによって、老後の生活費の総額が大きく違ってきます。ここの数字が大きいと、当然ながら準備すべき老後資金も多額になります。つまり、**老後の生活費を7割程度に下げる努力も必要**ってこと。

うーん……。

でも、そう大変な思いはせずに減らすことができるはずです。子どもが自立すれば、食費などの生活費は少なくなるし、マイホームを建てていたなら住宅ローンが終わる。死亡保険も見直すことができます。それに、自治体の高齢者向け

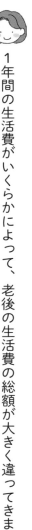

サービスで公共交通機関に乗れたり公衆浴場に入れたり、映画館や美術館などでもシルバー割引があったりしますね。こうしたものも結構大きいですよ。それに、70歳以上になれば第2章で紹介した高額療養費の限度額も現役時代よりも下がりますから、医療費の自己負担も少なくなります（図41）。

なるほど。いろいろ安くなるんですね。

あとは余裕資金を年間いくらにするかによっても違ってきます。高齢になると親戚のお葬式が増えるし、甥や姪の結婚式などもある。そうすると冠婚葬祭費も負担ですね。

そうか……。僕の場合、現役時代の生活費を25万円と考えて、その7割で18万円。住居費を10万円足して、毎月の生活費を28万円と想定します。余裕資金はひと月5万円で年間60万円くらいかな。そうすると年間の生活費が３９６万円。

図41　70歳以上の人の高額療養費制度

2018年7月まで

被保険者の所得区分		自己負担限度額	
		外来（個人ごと）	外来・入院（世帯）
①現役並み所得者 （標準報酬月額28万円以上で高齢受給者証の負担割合が３割の方）		5万7600円	8万100円＋（医療費－26万7000円）×1% [多数該当:4万4400円]※3
②一般所得者 （①および③以外の方）		1万4000円 （年間上限14万4000円）	5万7600円[多数該当:4万4400円]※3
③低所得者	Ⅱ※1	8000円	2万4600円
	Ⅰ※2		1万5000円

2018年8月から

被保険者の所得区分		自己負担限度額	
		外来（個人ごと）	外来・入院（世帯）
①現役並み所得者 （標準報酬月額28万円以上で高齢受給者証の負担割合が３割の方）	標準報酬月額 83万円以上	25万2600円＋（医療費－84万2000円）×1% [多数該当:14万100円]※3	
	標準報酬月額 53～79万円	16万7400円＋（医療費－55万8000円）×1% [多数該当:9万3000円]※3	
	標準報酬月額 28～50万円	8万100円＋（医療費－26万7000円）×1% [多数該当:4万4400円]※3	
②一般所得者 （①および③以外の方）		1万8000円 （年間上限14万4000円）	5万7600円 [多数該当:4万4400円]※3
③低所得者	Ⅱ※1	8000円	2万4600円
	Ⅰ※2		1万5000円

※１　被保険者が市区町村民税の非課税者等である場合
※２　被保険者とその扶養家族全ての人の収入から必要経費・控除額を除いた後の所得がない場合
※３　同一世帯で直近12カ月に高額療養費の支給回数が４回以上になった場合に４回目から適用される限度額

それで、60歳からの平均余命を元に、老後の期間を夫が亡くなるまでの夫婦２人期と、夫が亡くなって妻が１人になる妻１人期に分けて考えます。

なるほど。

夫婦２人期は、60歳から23年間と予測されるので、さっき計算した年間の生活費に23を掛けて計算します（＝図40の❷）。

えーと……。３９６万円×23年で９１０８万円……。あれ……？

妻１人期の生活費は夫婦２人のときの７割と考えます。その額に男女の平均余命の差である５年に夫と妻の年齢差を足し、期間を出して掛け算すると、妻１人期の生活費が計算できます（＝図40の❸）。

３９６万円の７割で２７７万円。彼女とは同い年だから妻１人期間の生活費が

277万円×5年で1385万円。

❷と❸を足せば、老後の生活費の総額が分かります。

合計して……、1億493万円!? やっぱり! 1人5000万円必要なんじゃないですか!

あとは介護費用。第2章で親の介護費用の話をしたけど、覚えてる? 自分たちの分は自分たちで準備しておきたいですね。念のため、夫婦2人で1600万円くらい考えておきましょうか。

合わせると1億2093万円……。先生、絶対無理じゃないですか!

ポイント

◎老後に必要な資産は人それぞれ。自分の生活レベルを基準に計算しよう
◎年齢を重ねると、そんなにお金を使わなくなる

公的年金はいくらもらえるのか

ここまでの計算は単純に支出だけの話。**もらえるお金は計算してません。**

もらえるお金って年金のことですよね……。年金って本当にもらえるんですか？

もらえます。支給額の調整も多少はあるでしょうが、**日本の年金制度が破綻することはありません。**

本当かな……。

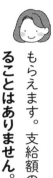

現在も国民年金の半分は税金でまかなわれています。毎年の物価や給与水準に応じて給付水準を調整していますし、5年に一度、財政検証を行っています。確かに、これから賃金の上昇やインフレなどによって、年金が実質的に目減りすることもあるでしょう。けれど積立金もあります。日本の年金積立金は世界的に見ても多いんです。

そうなんですか。そんなに心配することなはいんですね。

公的年金には、ここまで紹介した通り、障害年金や遺族年金としての保障機能もあります。こういった機能を持つ年金を民間でつくろうとしたら、いまの公的年金と同様の保険料ではとても成り立ちません。それに生きている限りもらえる年金は、一部の企業年金を除けば公的年金くらいしかないんです。

僕らが考えているより充実した制度なんですね。でも、実際いくらもらえるんですかね？

ざっくりと年金額を計算できるのがこの計算式です（図42）。

おお、意外と簡単ですね。

国民年金は1年間保険料を納めると約2万円の年金がもらえますから、2万円×加入年数。自営業者は国民年金だけだから❶の金額。会社員は国民年金に加えて厚生年金ももらえます。厚生年金は現役時代の収入により将来の年金が違ってきます。現役時代の平均年収から計算する方法が❷。ということで、会社員がもらえる公的年金額は❶＋❷。いずれも年額です。夫婦共働き

図42　公的年金の簡単計算式（概算）

❶国民年金：２万円×［　　　］年（加入年数）

❷厚生年金：［　　　］百万円（現役時代の平均年収）×5500×［　　　］年（加入年数）

もらえる公的年金額（年額）＝❶＋❷

例えば、国民年金加入年数が40年、厚生年金加入年数が38年で、現役時代の平均年収が350万円なら

❶２万円×40年＝80万円
❷3.5×5500×38年＝73万1500円

もらえる公的年金額（年額）＝80万円＋73万1500円＝153万1500円

だと、２人共国民年金と厚生年金の２階建ての年金をもらえるので、専業主婦世帯よりも多くなりますね。

なんで国民年金より厚生年金のほうが高いんだと思ってましたけど、やっぱりその分手厚いんですね……。

そうですね。厚生年金に入れない自営業やフリーランスの人は、公的年金に上乗せして自分でつくる年金を考えてほしい。その場合も、やはりｉＤｅＣｏがおススメです。それに併用して小規模企業共済や国民年金基金に入る方法もあります。

会社員でよかったかもしれない……。えーと、計算してみました。僕の場合は年間約１５３万円です。彼女も同じくらいだと思います。

ということは２人で年間３０６万円。細かい説明は省くけど、国民年金（基礎

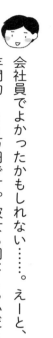

年金）は原則65歳から、厚生年金は、男性の場合１９６１年４月２日、女性の場合１９６６年４月２日以降に生まれた人は、65歳から受給開始となるので、65歳からもらう想定で総額を計算しましょう。夫婦２人期は83歳までと考えるので、年金を２人分もらえるのは18年間。３０６万円×18年で５５０８万円。

思ったよりもらえますね。

次に妻１人期だけど、第２章で説明したように、夫が亡くなったあとは、妻は遺族厚生年金をもらえます。ただし妻が厚生年金をもらっている場合、その厚生年金より夫の遺族厚生年金のほうが多ければ遺族厚生年金をもらえるけど、妻の厚生年金が夫の遺族年金より多ければ遺族厚生年金は支給されません。

僕と彼女の厚生年金額は同じくらいです。僕が死んだ場合の遺族厚生年金は厚生年金の４分の３だから、彼女の厚生年金より低くなる。ということは、遺族厚生年金は支給されない？

そう。あなたたちの場合は妻の厚生年金が支給されることになりますね。妻１人期分は１５３万円×５年で７６５万円。

もらえる年金を合計すると６２７３万円か。さっき計算した老後費用の１億２０９３万円から６２７３万円を引くと、**足りないのは５８２０万円**。さっきよりは減ったけど……。

勤務先から退職金や企業年金をもらえる人は、老後に入るお金としてこれも引くことができます。

僕の場合、退職金は期待できません……。

公的年金を少しでも増やす方法としては、**過去に国民年金の未納があるなら後納**すること。２０１８年９月までの期間は、過去５年までさかのぼって納付できます。

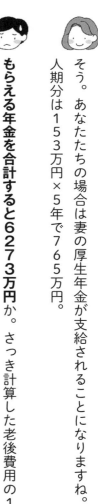

僕は未納期間はないと思います。どうしよう……。

老後資金はいっぺんに必要なわけじゃありません。公的年金だけでは足りないとして、その分をどうするのかを考えましょう。

どうすればいいんでしょうか……。

ポイント

◎日本の公的年金はとても優れたシステム。年金が支給されなくなることはあり得ない

◎老後を夫婦2人期と妻1人期に分けて、総額でいくらの年金がもらえるかを計算しよう

老後は自分の好きなことで稼ごう

まだまだ方法はあります。いま考えているケースは60歳の定年後は仕事をしない前提になっています。最近の60代を見ると若いでしょ。**働ける間は働けばいい。**

収入があれば生活費を補えますね。でも、高齢になってから働けるんですかね。

別の会社に転職して働くとか起業する方法もあるけど、会社員の場合は継続雇用といって定年後も元の職場で働くのが一般的でしょう。

60歳の定年後も働くわけですね。

ただ、あまり仕事としては面白くないかもしれません。それまでバリバリやっていた仕事からは離されてしまうことのほうが多いですから。

そうですね……。

本当は、**自分の好きなことで稼げるのがいちばん**だと思います。長い老後です。ゆっくり暮らすのもいいけど、楽しく働けるなら働いたほうがいいと思いませんか？

それができればいいですよね。定年までずっと会社のために頑張って仕事をしてきたとしたら、老後はもっと自分らしい仕事をしたいと思います。あ、そうか。だから第1章で、いまのうちに好きなことを見つけて、稼げるようになりなさいって言ったんですね。

そうそう。継続雇用で5年働いても65歳までで終わり。そこから別の仕事に就

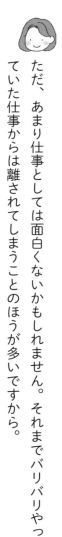

こうとすれば、よほど人より能力が高くなければ難しいでしょう。できれば**60歳から次の仕事をしてほしい**。それまでの人生で時間を掛けて準備して、60歳でスタートする。そうすれば結果的に長く働ける可能性が高くなります。70歳、75歳まで働くことができる。

そうか。定年してから次の仕事を探しても間に合わないですもんね。

それでひと月に、１人10万円、２人で20万円稼げるとして、**70歳まで働けば合計で２４００万円**。さっきの５８２０万円から引くと、**３４２０万円**。**子どもを育てながらこの金額を貯めていけばいい**わけです。

うーん……。だいぶ少なくなったけど、本当に貯められるんでしょうか……

ｉＤｅＣｏやＮＩＳＡで投資に回した分が、老後までに増えている可能性を見込めます。さっきの話で60歳まで毎月3万円積立したとしても、**約１３００万円**。

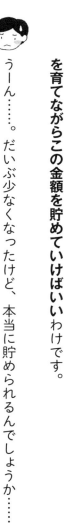

そうだ、それもありました。

多少でも給料が上がれば積立も増やしていくでしょうし、老後も投資はできます。**貯金だけで２０００万円くらいになれば安心**です。余裕資金が毎年ずっと必要になることはないでしょうし、余裕を持ったシミュレーションですね。

結構現実的な金額になってきましたね……。

ほかにも、**年金を繰り下げ受給する**方法があります。２人で仕事をして毎月の生活費を稼げるようなら、65歳から年金をもらわずに70歳からもらう。そうすると毎月もらえる年金額が、65歳からもらう場合の１４２%になります。これが一生涯続くわけだから、けっこう大きいですよ。

でもそれ、病気になったりして稼げなくなったらと考えると怖いですよね……。

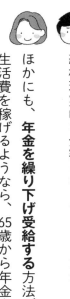

それも大丈夫。請求手続きをすれば翌月分から受給開始になりますし、それまでの分を一括で請求できます。例えば70歳まで繰り下げしようとしていて、68歳のときに病気になってお金が必要になった。そうしたら止めていた3年間分を一括で請求できるわけです。ただし、この場合は繰り下げによる増額は計算されません。

いろいろな方法がありますね。僕も大丈夫な気がしてきました。

そう。お金とのつき合い方を見直して、ちゃんと勉強をすれば、決して不安ばかりではなくなるの。

本当にそうですね。

さあ、お待たせしました。あなたがこれから先、どのようにお金とつき合っていけばいいか。シミュレーションしてみましょう。

はい！　ぜひ！

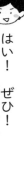

キャッシュフロー

43歳	44歳	45歳	46歳	47歳	48歳	49歳	50歳	51歳
小学校						中学校		
7歳	8歳	9歳	10歳	11歳	12歳	13歳	14歳	15歳
700	700	800	800	800	800	800	850	850
551	551	627	627	627	627	627	664	664
12	12	12	12	12	12	12	12	12
563	563	639	639	639	639	639	676	676
300	300	300	300	300	300	300	300	300
120	120	120	120	120	120	120	120	120
12	12	12	12	12	12	12	12	12
32	32	32	32	32	32	48	48	48
464	464	464	464	464	464	480	480	480
99	99	175	175	175	175	159	196	196
36	36	36	36	36	36	36	36	36
539	**602**	**741**	**880**	**1019**	**1158**	**1281**	**1441**	**1601**

●各数値は小数第一位を四捨五入した額（年額／単位：万円）

●手取り収入は2017年9月時点での制度を元に、子の年齢などを加味して計算

●教育費は保育園（目黒区）、小学校から高校まですべて公立、大学は国立に通うことを想定

※1：夫婦35・36歳の欄は産休、育児休業による妻の収入源を加味

※2：夫婦36歳の欄は出産育児一時金（42万円）、出産手当金（約52万円）、育児休業給付金（約150万円）、児童手当（18万円）の合計。以降は児童手当と高校等就学支援金

※3：夫婦35歳の欄は結婚式費用、36歳の欄は出産費用、以降は教育費

※4：夫婦の貯蓄合計400万円からスタート

本当にどうにかなった！ 老後資金準備の

夫婦の年齢		35 歳	36 歳	37 歳	38 歳	39 歳	40 歳	41 歳	42 歳
子の年齢				保育園					
			0 歳	1 歳	2 歳	3 歳	4 歳	5 歳	6 歳
世帯収入 ※1	額面	565	300	600	600	600	700	700	700
	手取り	452	240	480	480	480	551	551	551
各種公的支援 ※2			262	18	18	12	12	12	12
収入合計		452	502	498	498	492	563	563	563
基本生活費		300	300	300	300	300	300	300	300
住宅費		120	120	120	120	120	120	120	120
保険料			12	12	12	12	12	12	12
教育費・その他支出 ※3		150	55	24	24	16	18	18	18
支出合計		570	487	456	456	448	450	450	450
年間収支		-118	15	42	42	44	113	113	113
投資額		36	36	36	36	36	36	36	36
貯蓄 ※4		**246**	**225**	**231**	**237**	**245**	**322**	**399**	**476**

夫婦の年齢		52 歳	53 歳	54 歳	55 歳	56 歳	57 歳	58 歳	59 歳
子の年齢		高校			大学				就職
		16 歳	17 歳	18 歳	19 歳	20 歳	21 歳	22 歳	23 歳
世帯収入	額面	850	850	850	850	850	850	850	850
	手取り	670	670	670	673	673	673	673	663
各種公的支援		12	12	12					
収入合計		682	682	682	673	673	673	673	663
基本生活費		300	300	300	300	300	300	300	300
住宅費		120	120	120	120	120	120	120	120
保険料		12	12	12	12	12	12	12	
教育費・その他支出		41	41	41	82	54	54	54	
支出合計		473	473	473	514	486	486	486	420
年間収支		209	209	209	159	187	187	187	243
投資額		36	36	36	36	36	36	36	36
貯蓄		**1774**	**1947**	**2120**	**2243**	**2394**	**2545**	**2696**	**2903**

わあ！　すごい！　準備できてるどころか、９００万円も余裕が！

この計算では、結婚以外の人生のイベントを考えていません。その時々で準備計画と実際の資産を比べながら、余裕があれば子どもの結婚式を援助したり、海外旅行に行ったり、自分たちのためになることに使えばいいんです。

先生、本当にどうにかなるものなんですね……。いままで将来を考えると不安ばかりでしたけど、すごく楽になりました。

何度も言うけど、あなたの武器は若いこと。60歳まででもまだ25年あります。ちょっと大変かもしれないけど、**いまから準備すればなんとかなる**ものなんです。

早速帰って始めます！　先生、今日はありがとうございました！

はいはい。あまりお金にとらわれないでね。

ポイント

◎60歳から次の仕事ができるように準備しておこう
◎しっかりシミュレーションすれば怖くない！　いますぐ準備を始めよう

1人遊びのススメ

第5章では老後のための準備として、自分の好きなことを見つけておきましょうというお話をしました。これは収入を得るための手段としてもあるのですが、違う意味でも必要なことだと思います。

楽しい老後を過ごすためには、〝1人遊び〟ができることが大事です。少し悲しい話ですが、子どもは大きくなるにつれ、だんだんと親から離れていきます。パートナーが自分より早く旅立ってしまうかもしれませんし、親しい友達もどんどん減っていきます。そこで1人の時間を楽しく過ごす方法を知らなければ、とても寂しい老後になってしまいます。

私はもともと人と何かをするのが少し苦手で、趣味といえば登山やハイキングです。こうした趣味であれば、自分の好きな時間に、1人で楽しむことができます。

自分が楽しめることであれば、何でもいいのだと思います。その上で、理想としては自分が楽しみながらやることで、誰かのためにもなるようなことです。例えば籐細工や編み物を好きな人が趣味としてやっている間に、オシャレなバックやマフラーが作れるようになる。それを誰かに贈ることで喜んでもらえる。さらにちょっとしたお金にもなれば最高です。

ただし、楽しむということには苦しさも含まれています。難しいことや時間のかかることを乗り越えてこそ、本当の楽しさを感じることができるはずです。苦しい思いをして山を登るから、登頂したときの充実があります。編み物だって最初はうまく編めなかったものが、だんだんと上手に編めるようになるからこそ、楽しいのではないでしょうか。

何かを楽しむために必要なのは〝スキル〟と言ってもいいかもしれません。好きなことを見つけるスキル、長く続けることができるスキルです。これは簡単なようで、意外と難しいものです。何となく仕事をして、何となく休日を過ごしていると、見つからない人もいるかもしれません。見つけることができても、続かない人もいるでしょう。

読者のみなさんの年齢では、老後をイメージすることは少し難しいかもしれません。いまからあまり深く考える必要はありません。好きなことがあれば、「お金にならない」とか、「やっていてもしょうがない」なんて思わずに、とことん楽しんでみてください。もしまだ好きなことが見つかっていなければ、いろいろなことにチャレンジしてみてください。そのことが、必ず将来に生きてきます。

スマートフォンやパソコンで簡単に家計管理を始めよう！

お金と上手につき合うためには、自分の収支を明確にすることが第一歩。簡単にできる方法で家計管理を始めよう。家計簿をつけるのは面倒なイメージがあるけれど、いまではスマートフォンアプリなどで簡単にできる。ここでは、利用者が550万人を超える自動家計簿・資産管理サービス「マネーフォワード」の使い方を紹介。上手なお金とのつき合い方をマスターするための第一歩にしよう。

まずはこの3つをやってみよう

1 家計簿

日々の支払いや収入を簡単入力。銀行口座やクレジットカードを連携すれば、自動で家計簿を作成できる。

2 資産管理

銀行口座や投信（投資信託）・証券口座を連携。自分の資産がどれくらいかが一目でわかる。

3 家計分析

収入と支出の推移をチェック。理想の家計バランスとの比較や便利な機能で無駄遣いを減らせる。

※ここではiOS版アプリ（一部web版）の操作方法を紹介しています

家計簿

難しいことは後から考えればいい。とりあえずは毎日の支出と収入を入力してみよう。誰でも簡単に家計簿が作成できる。

Step1 銀行口座やクレジットカードを連携させる

ページの場所　口座タブ  ➡ 一覧

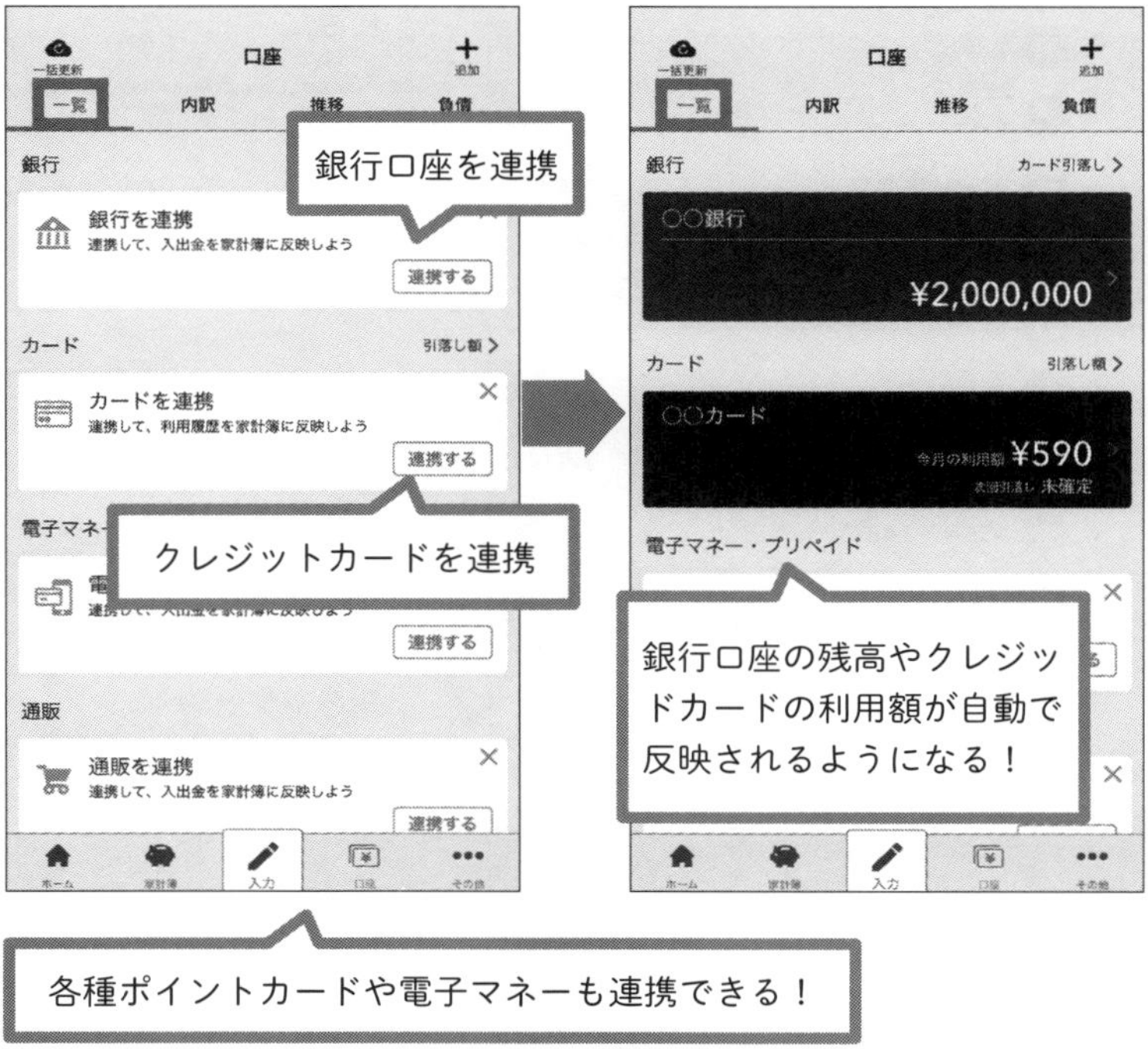

Step2　毎日の収入や支払いを入力

●クレジットカードや電子マネー、銀行口座からの支払い

連携したクレジットカードや電子マネーでの支払いは自動で記録される

連携した口座からの引落しや振込みも自動で反映される

◉現金での支払い

ページの場所　入力タブ　✎入力　➡　支出

レシートを撮影
しても入力できる

簡単操作で
それぞれの項目と
金額を手入力

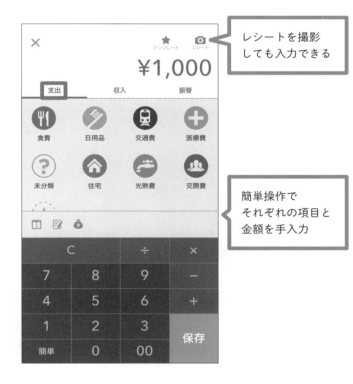

◉収入を入力

連携した銀行口座への
収入は自動で反映される

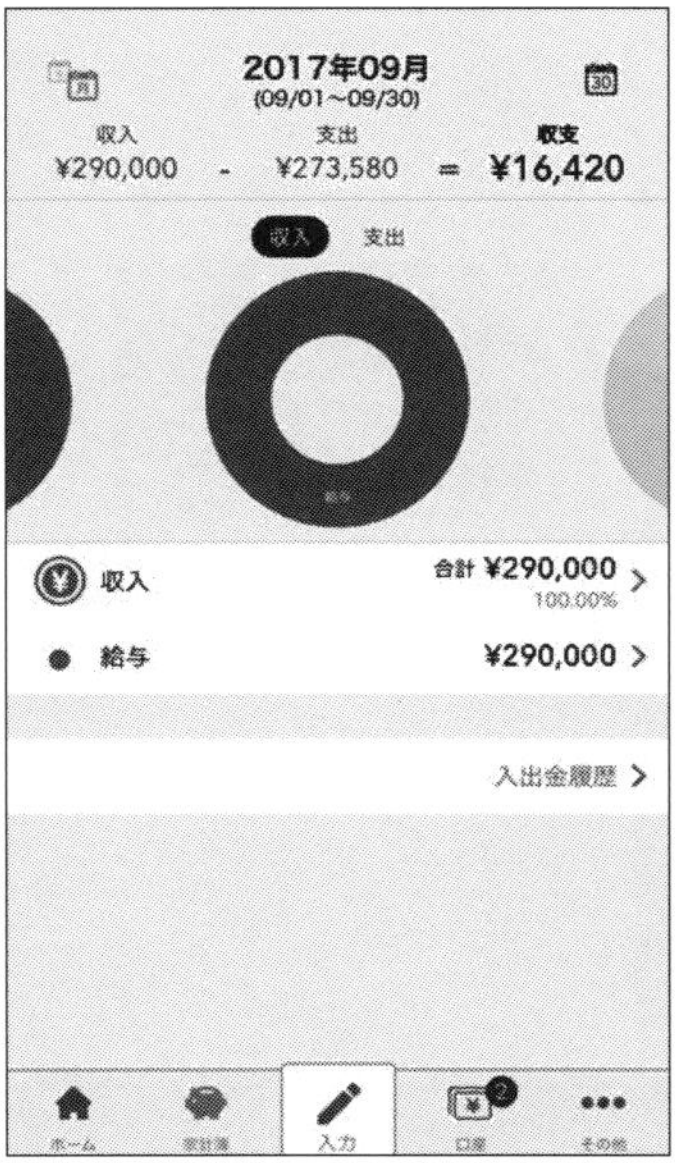

現金での収入があったと
きは手動でも入力できる

ページの場所

入力タブ 入力 ➡ 収入

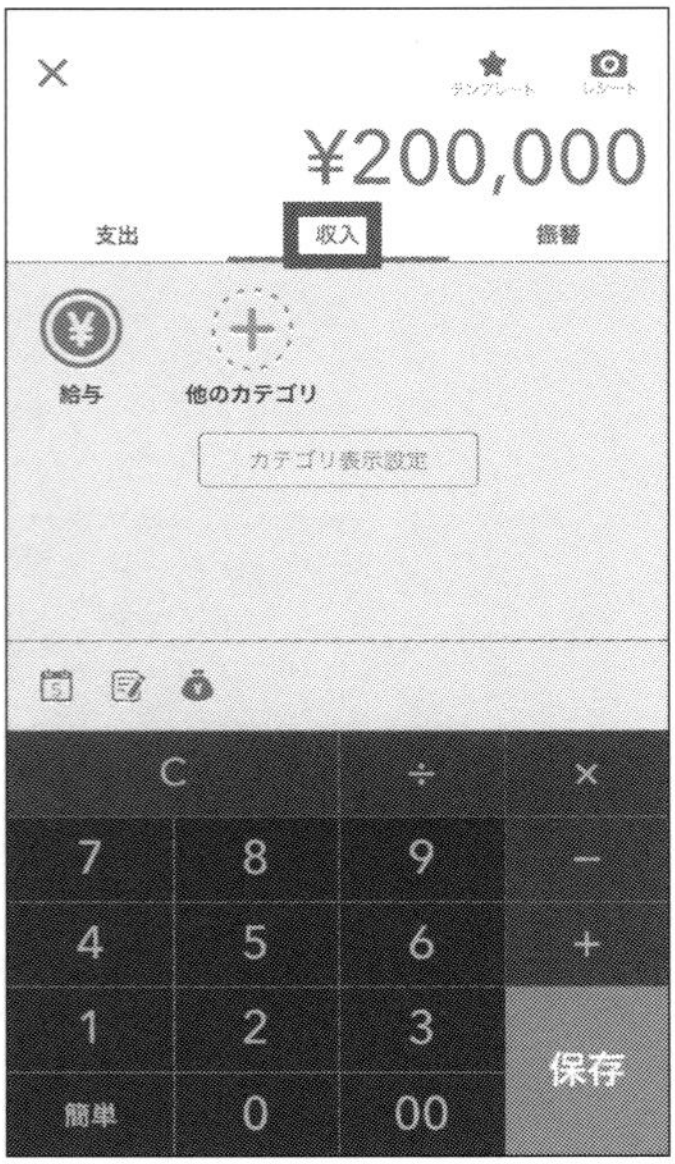

Step3　家計や収支のバランスをチェック

ページの場所　家計簿タブ　家計簿

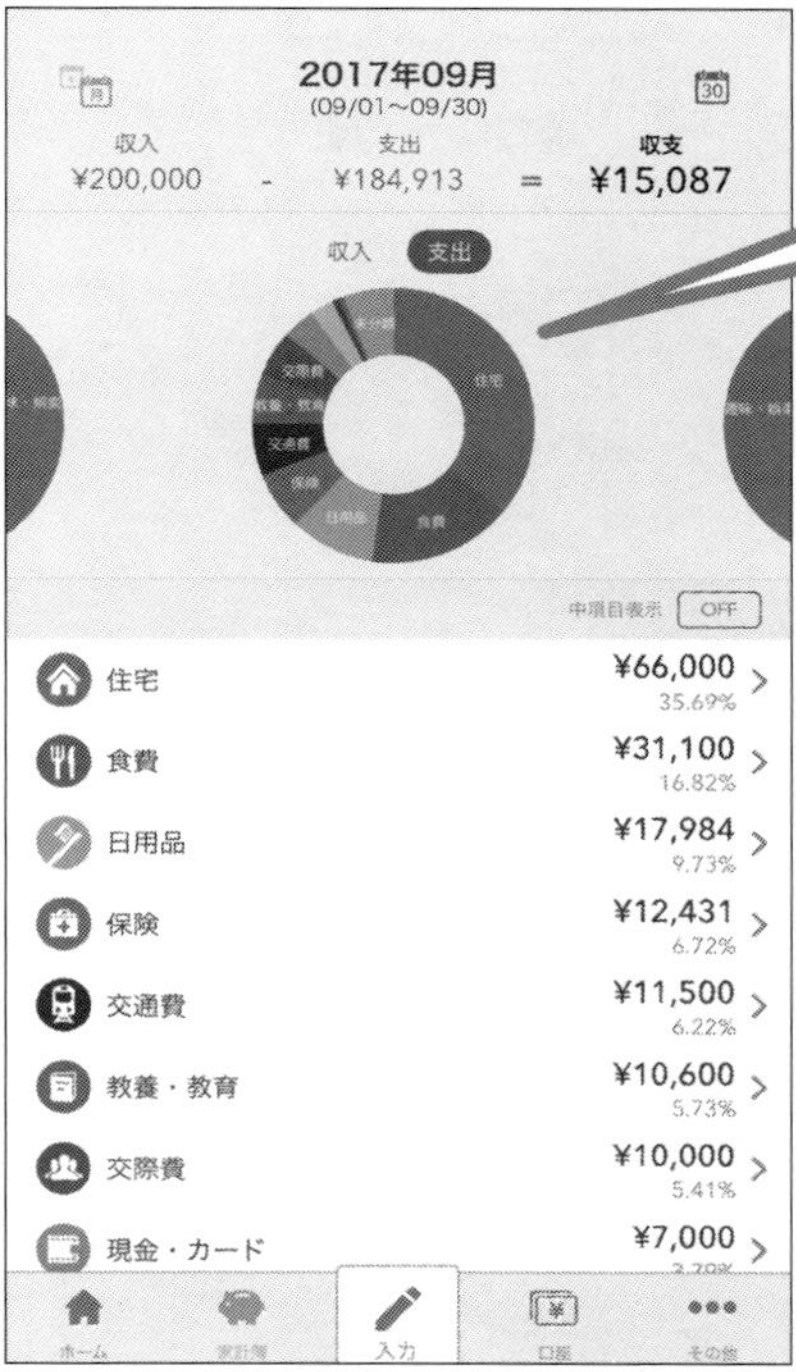

分類やグラフ化
も自動

何にいくら使ったか
や全体の収支
バランスが一目で
わかる

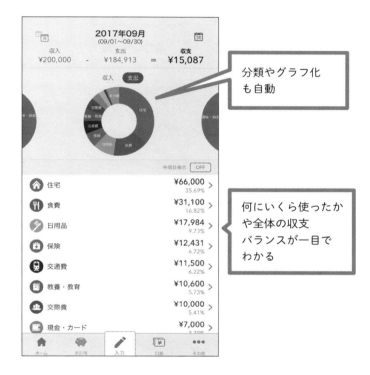

資産管理

投資を始めると自分の資産がどれくらいかわかりづらくなるもの。
計算違いにならいないようにしっかり把握しておこう。

Step1　証券・投信口座などを連携

ページの場所　口座タブ（口座）➡ 一覧

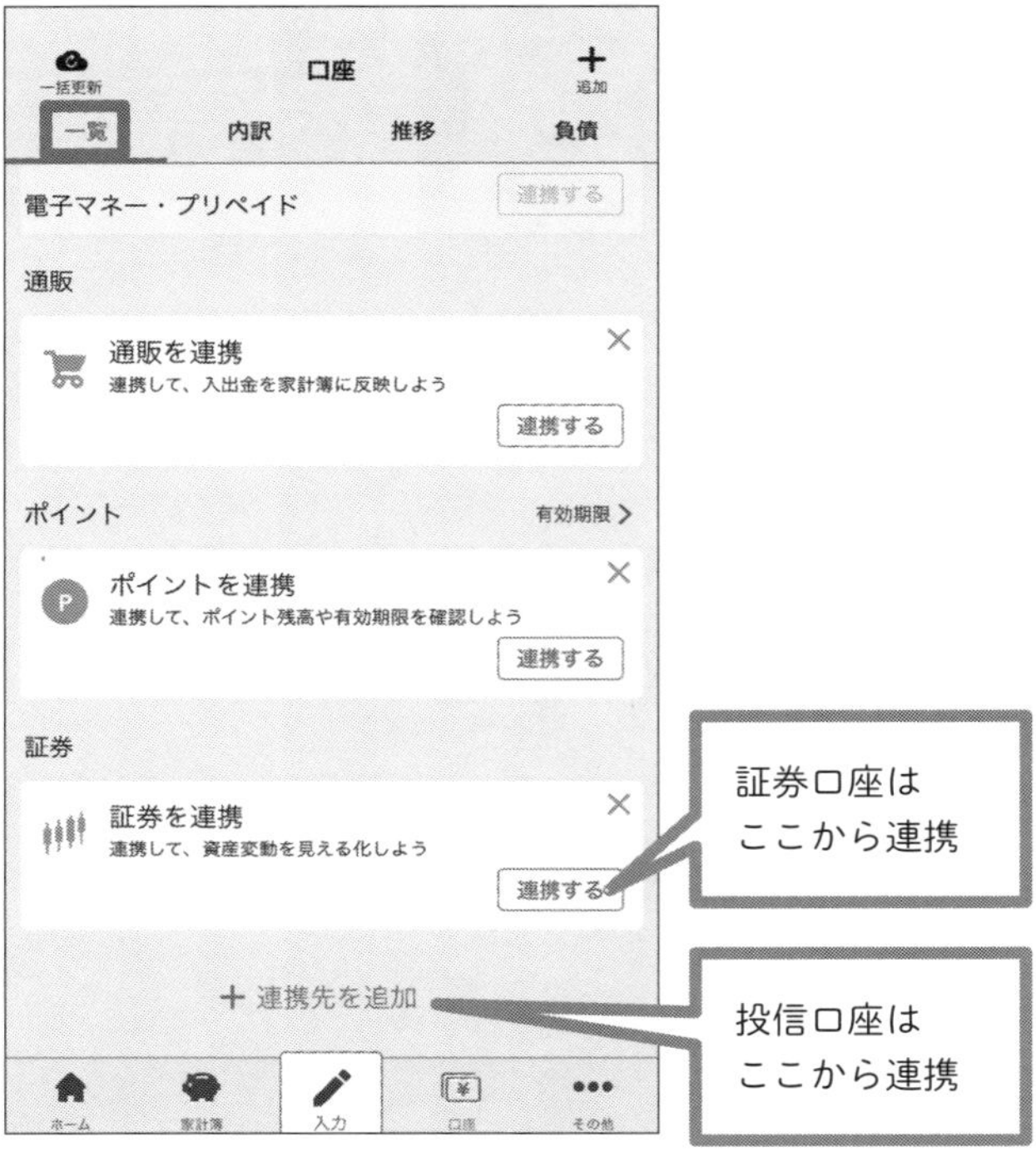

Step2　資産全体のバランスをチェック

ページの場所　口座タブ 口座 ➡ 内訳

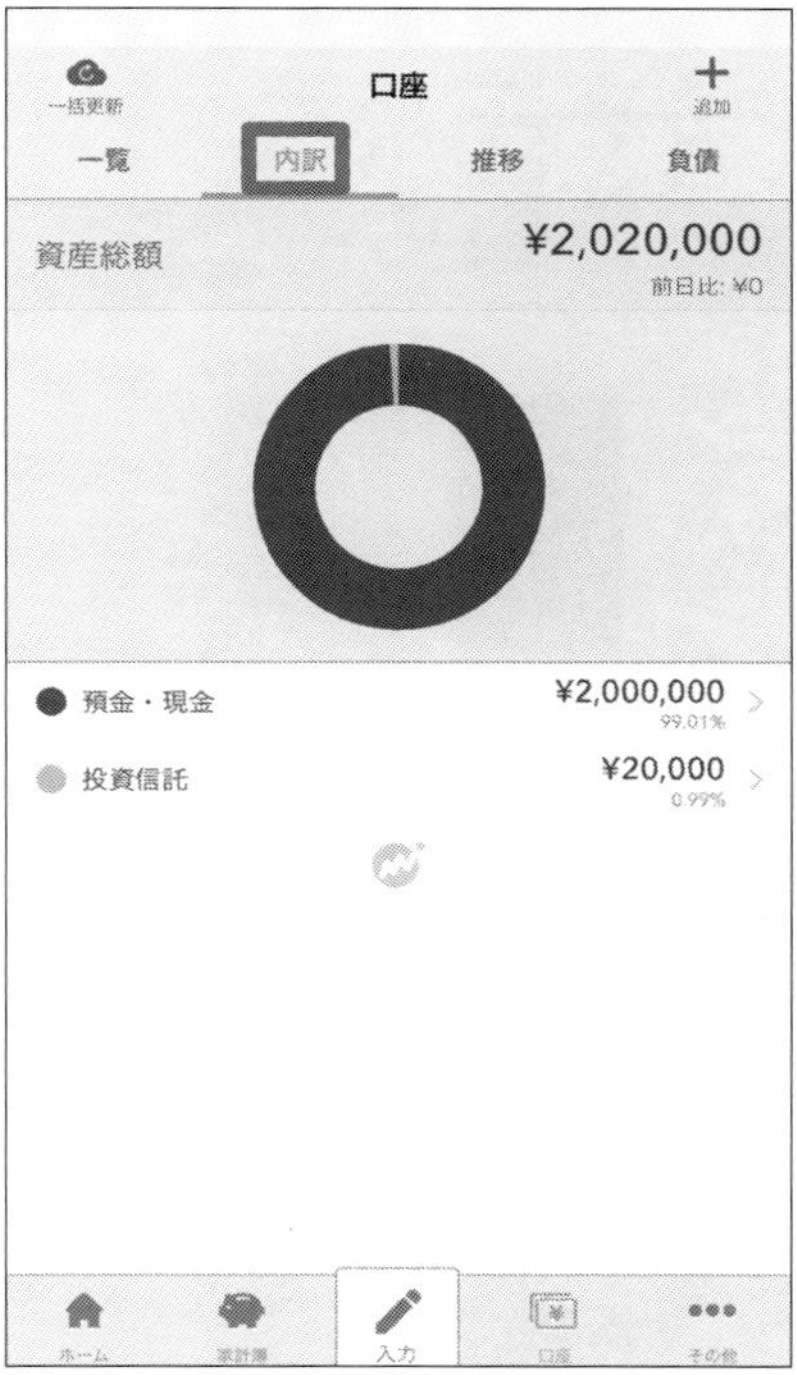

資産の全体的な
バランスが
わかるようになる！

※資産内訳グラフはプレミアムサービス（有料）限定の機能です

Step3　純資産を把握する

ページの場所　資産タブ（web 版サイト）➡ バランスシート

資産

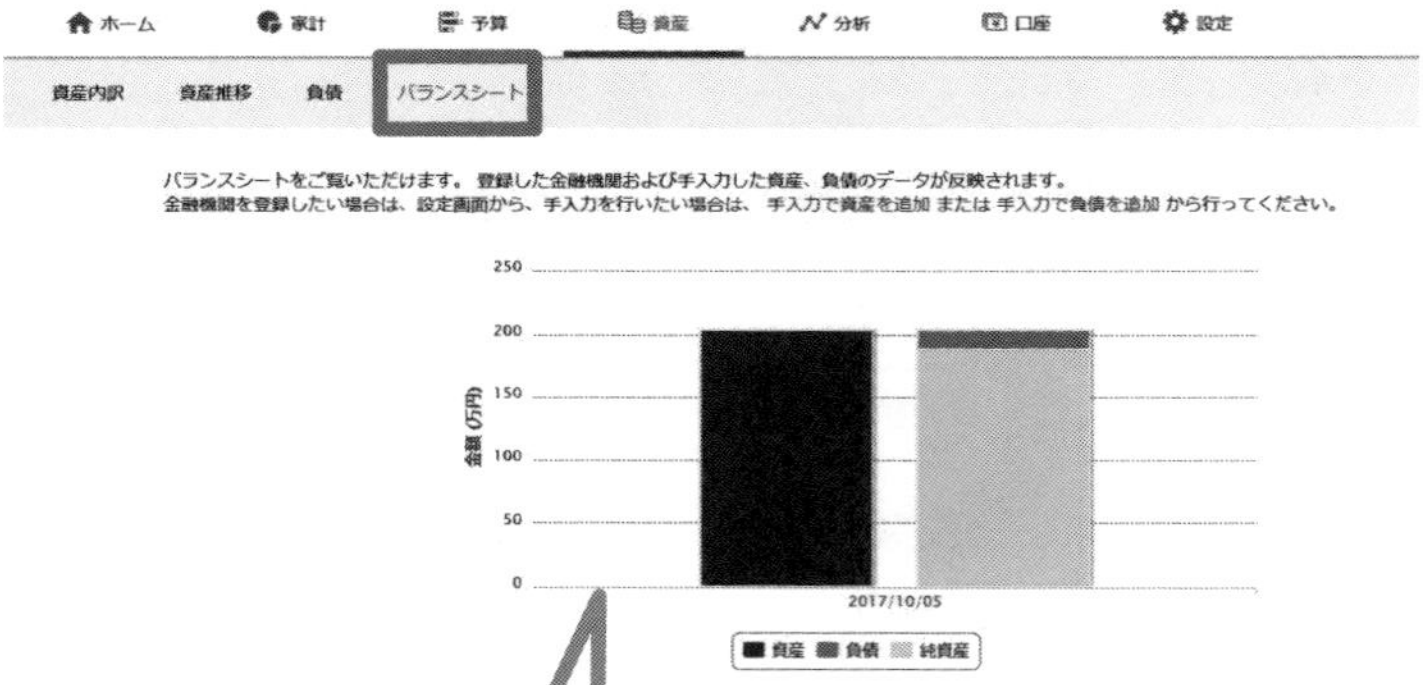

資産全体から負債を
引いた額が純資産。
しっかり把握しておこう

※バランスシートはWeb版限定の機能です（2017年9月末時点）

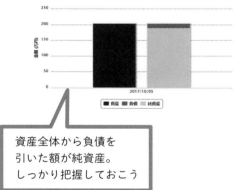

家計分析

自分のお金とのつき合い方を知れば、良いところや悪いところが見えてくる。使い過ぎを防いで将来の準備を始めよう。

Step1　毎月の収支の推移を確認

ページの場所　ホームタブ　ホーム　➡　家計資産レポート　家計資産レポート

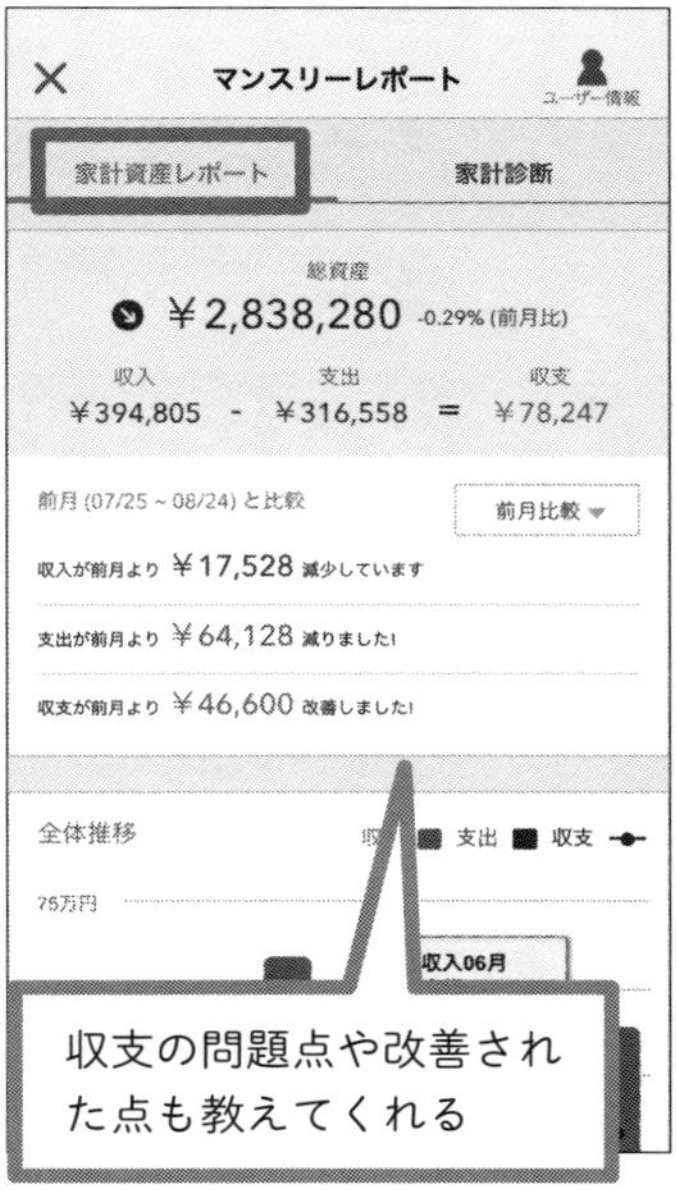

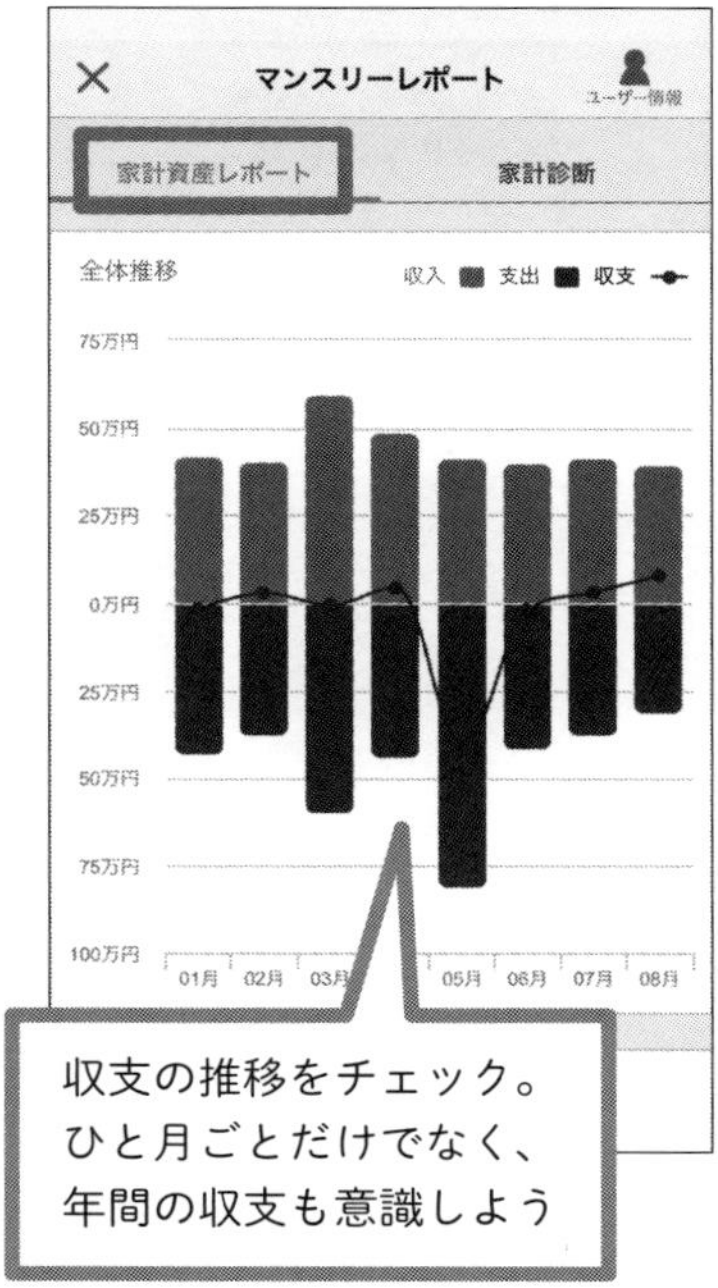

※ 締め日となり、家計が締まった段階で更新されます。

Step2 毎月の収支の推移を確認

ページの場所 ホームタブ（ホーム） ➡ 家計診断（家計診断）

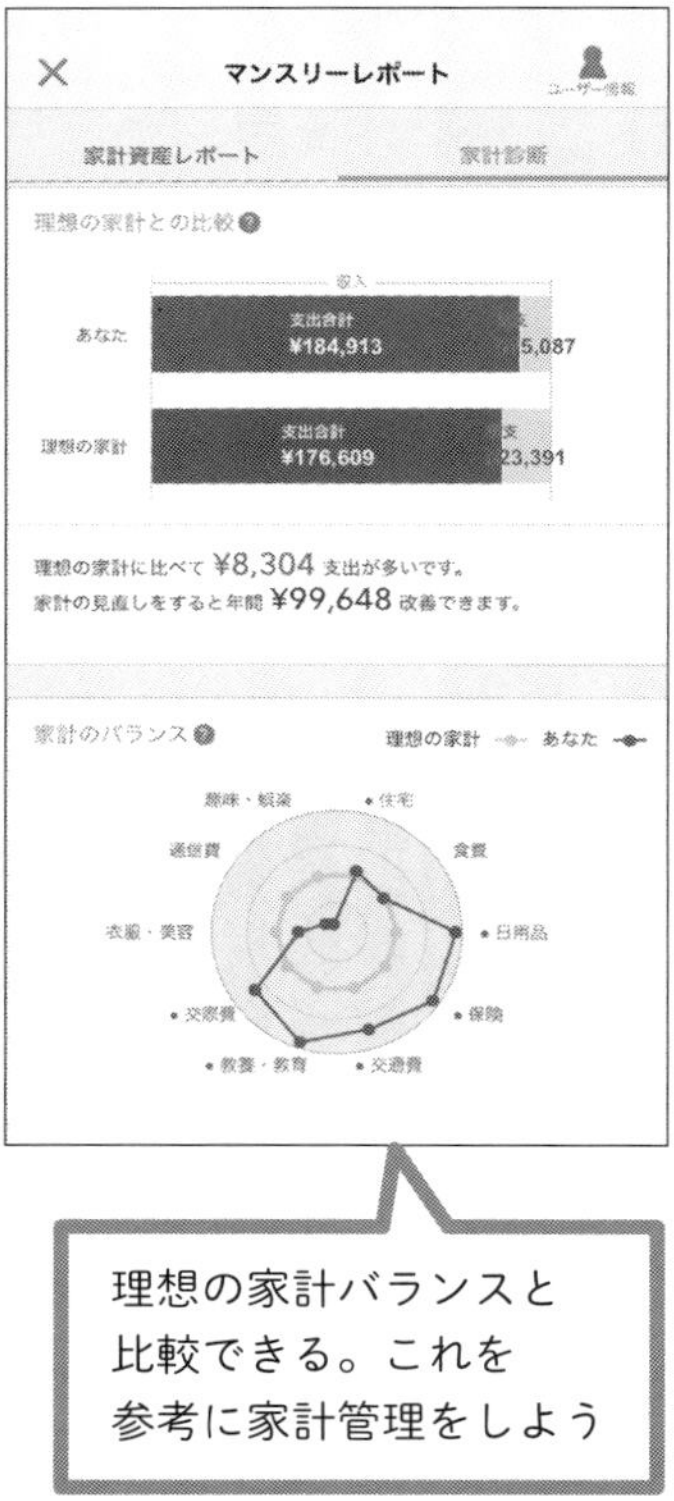

理想の家計バランスと
比較できる。これを
参考に家計管理をしよう

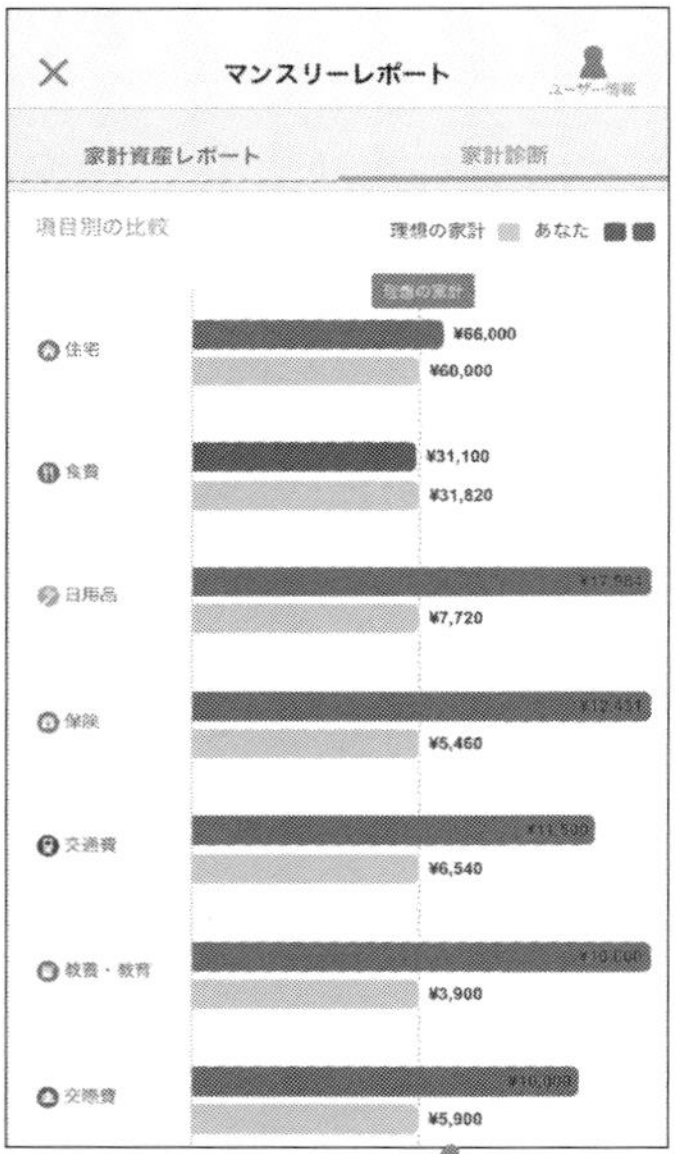

項目別に細かく比較でき
るから、どんなことで使
い過ぎているかがわかる

※ 項目別の比較はプレミアムサービス（有料）限定の機能です

Step3 「MY 通知」を活用する

「MY 通知」は「うっかり」を防いでくれる便利な機能。連携した銀行口座やクレジットカードなどのお金の動きを教えてくれる。

ページの場所 ホームタブ → お知らせ

ポイントの有効期限をお知らせ

カード利用額が前月を超えたらお知らせ

※ポイント・マイルの有効期限の表示・通知はプレミアムサービス（有料）限定の機能です。

マネーフォワードにはまだまだたくさんの便利な機能があります。まずはこのガイドで紹介したサービスで家計管理の習慣をつけて、より上手にお金とつき合っていきましょう。

制作協力：株式会社マネーフォワード

おわりに

人生、なんでもやってみることです。

お金がかからないことであれば、やる気次第ですぐにしてみることができます。しかし、私たちがやってみたいと思うことのほとんどは、お金がかかることです。そして、お金を払ってすることの多くは、やってみるだけの価値があります。知恵や経験、時間などがまとめて手に入るのです。本書の最後に、私なりの人生を楽しめるお金とのつき合い方をお話しします。


私はオープンカーに乗っています。

自宅のある六甲山にはドライブウェイが走っていて、以前から、時折ですがオープンカーを見かけることがありました。「楽しそう」といったシンプルな理由から、クルマの買い替えの時期にオープンカーを選びました。そこには、子どもの頃、幌がついていないトラックの荷台に揺られ、心地よい風を感じていた記憶もあったのかもしれません。

私のオープンカーは2人乗りで、大きな荷物は積めません。本当に乗るだけのクルマです。購入を決めたときにも、1年間乗ってみて自分に合わないと思えば、新しいうちに買い替えればいいというくらいの気持ちでした。

実際に自分で運転してみると、想像以上に気持ちのいいものでした。気温、湿度、日射、風などを直接肌に感じながら走ると、日本の季節はとんでもなく早く変わるのが体感できます。「四季」だけでは追いつきません。春、梅雨、夏、秋雨、晩秋、冬と、大きく分けても6つぐらいになってしまいます。日本は3日に一度は雨が降るといわれますが、雨の日以外はできるだけオープンにします。

一応スポーツカーなので馬力がありますし、車体が小さいのでどこにでも入れます。いままでいろいろな所に行きましたが、京都の与謝野町が特に印象に残っています。山の中には千年椿と呼ばれる大木が悠然と佇んでいました。椿は2月、3月に花を咲かせます。私が訪れたときはまだ積雪が残っていて、白いキャンバスの上に椿の紅い花が力強く咲いている姿を見たときは、息をのむ美しさを感じました。手入れも行き届いており、古くから人々に大事にされてきたことが実感できました。

不便の多いクルマですし、それなりのお金を払いましたが、多くのことを与えてくれています。クルマに乗るたびに大空を見上げます。いつもの青い空と白い雲であっても、ひとつとして、同じ光景はありません。空は常に姿を変え、季節は巡っているのだと実感させてくれます。気分転換にももってこいです。

ほかにも人生の楽しみとして、若い頃から海外旅行に出ています。これも行ったことのないところに行ってみたいという単純な気持ちから始めました。何度か旅をするうちに、いくつの都市や国を訪れたかを気にするようになり、どんどん回数を重ねるようになりました。そうすると、次は住んでみてはどうか、ということになります。実際に、２週間やひと月といった期間で滞在してみました。

その間、海外の文化や政治経済などの諸事情を知り、旅行記や移住の記録など数多くの本に出会ってきました。そしてどうなったかというと、自分の身の程が分かってきたということです。例えば南米やアフリカという所は、とても魅力的な文化があるけれど、日本からあまりにも遠い。ハワイやオーストラリアなどに行けば、過ごしやすい気候ではあるけれど、落ち着いて住むことができるような場所ではないと実感します。それに、海外旅行に慣れてくると、どこの国でも人々の生活や衣食住は大きく変わらないように見えてきます。それなら慣れ親しんだ日本がベストだと考えるようになりました。いまでは、年に一度くらいしか海外に行かないようになりました。

むしろ豊かになった日本全国を、自分のオープンカーやレンタカーで旅をすることのほうが楽しくなってきます。道の駅で美味しくて安いお魚やお肉、果物や野菜などを買って食べるほうが、どれだけおいしくて楽しいことか。あるいは温泉です。２００円、３００

円で、安心・安全に源泉掛け流し温泉を楽しめる国は、日本以外にはありません。服を脱ぐことそのものが海外ではリスクになるわけですから。

以上は、私のお楽しみの一部ですが、単に楽しむだけではありません。例えば、海外旅行をするようになって40年近くになりますが、その間、為替を見続けています。日本円ドルがどのような推移で円高になってきたかを実感としてなぞることができます。実際の旅行現場で日本円の国際化がどのようなものであったか、また中国の海外進出がどのような速さであったかなど、実体験させてくれます。

どんなことでも、お金を使ってやるからには、ただやってみるだけでなく、きっちりとやり切り、自分に何をもたらしてくれるかを考え、それを実際に自分の手に残すことが大切です。

お金を何となく使ってしまうことを避けるだけで、どれほどお金とのつき合い方が上手になるかを考えてください。自動販売機で水のペットボトルを買うのと、南部鉄器の急須で沸かした白湯をマイボトルに入れて持ち歩くのとどちらが良いか。あるいは自動販売機の缶コーヒーと、自分好みの豆から淹れた一杯のどちらがおいしいか。

人生をいかに楽しむかを常に考え、試しながらお金と上手につきあう、その上達のための基本が本書です。皆様の楽しみながらの実践を期待しております。

本書は、滝丸浩久さんのご提案と、総合法令出版編集部、並びに株式会社マネーフォワードのご協力がなければ手に取ることができなかったものです。ここに深甚なる感謝を表します。

２０１７年の立冬に　井戸美枝

井戸美枝（いど・みえ）

ファイナンシャルプランナー（CFP®）、社会保険労務士。神戸市生まれ。関西大学社会学部卒業。生活に身近な経済問題をはじめ、年金・社会保障問題を専門とする。講演や執筆、テレビ、ラジオ出演などを通じ、資産運用やライフプランについてのアドバイスを広く伝え、好評を博している。経済エッセイストとしても活動し、人生の神髄はシンプルライフにあると信じる。2013年10月からは厚生労働省社会保障審議会企業年金部会委員も務めている。著書は『現役女子のおカネ計画』（時事通信社）、『なぜ、お金の貯まる人は「家計簿」を大切にしているのか』（東洋経済新報社）、『定年男子 定年女子』（共著・日経BP社）、『2018年度介護保険の改正早わかりガイド』（日本実業出版社）、『身近な人が元気なうちに話しておきたいお金のこと介護のこと』（東洋経済新報社）など多数。

35歳・年収300万円でも結婚して子どもを育てて老後を不自由なく過ごす方法を聞いてみた

2017年12月1日　初版発行

著　者　井戸美枝
発行者　野村直克
発行所　総合法令出版株式会社
〒103-0001 東京都中央区日本橋小伝馬町15-18
ユニゾ小伝馬町ビル9階
電話　03-5623-5121
印刷・製本　中央精版印刷株式会社

落丁・乱丁本はお取替えいたします。

ISBN 978-4-86280-587-4
総合法令出版ホームページ　http://www.horei.com/